闪闪发光的实验人

35位学生跟踪实录

徐 红 主编

SES

上海社会科学院出版社

序
PREFACE

上海市实验学校　徐红

上海市实验学校(以下简称"上实""实验")是一所以实验研究著称的学校,每五年都会完成一本专著,反映不同阶段的实验成果。在学制改革、教材自编、课程建设、教与学方式改变、教师专业发展等方面,学校也都有代表著作和教学成果呈现。最近几年,我们逐渐把目光聚焦到校友身上,36年的办学成效究竟如何,应该从对校友的跟踪研究上去寻求答案。

每个学校都会有杰出校友,一些老牌的学校以拥有诸多院士而骄傲。但是上实是一所年轻学校,我们也并不试图从成就结果推导成才原因,还是回到这所学校的独特定位,探索十年一贯弹性学制的成效。学校最核心的实验项目就是通过对学生的长期跟踪观察、记录、案例分析,了解学生从小学到高中乃至大学和未来工作与生活,试图探索基础教育阶段学生的兴趣、潜能发展有什么样的规律,每一个个体的发展又有怎样的特点,如何给学生最适合的教育,更希望了解基础教育对他们日后的学习与工作有什么影响。

孩子一进入小学,学校就在专门的数字记录平台,对每个学生的行为习惯及心理变化进行记录。全程跟踪记录的实证数据和案例分析,清晰描摹了每个实验学生个性发展的轨迹。每两年,学校还会专门拍摄一些视频,用同样的五个问题留下学生珍贵的成长印记。这五个问题是你每天到学校的心情如何?你对哪些学科最感兴趣?你做什么事最开心轻松?你遇到困难会求助谁?你将来想成为一个什么样的人?五个问题,五段视频,不仅将孩子形体成长的奇妙变化留存下来,学生兴趣、个性、志向的微妙变化也被记录分析,为教育实验提供了鲜活的实证资料。

这是一项工程浩大的工作,实验学校的每一位老师都参与其中,他们是观察者、记录员、分析师、引导人。到目前为止,老师们记录的学生个性条目已经积累了数十万,在此基础上形成了上千案例。

2023年,我们围绕校友做了两件事。第一件事,拍了一部校友纪录片。我们耗时一年,通过各种渠道,收回了2 000多名上实校友的信息,摄录了100小时的素材,制作成了45分钟的纪录片《攀登》。从学生的反馈看,自由的学习生态、宽容的教育态度、激发兴趣的活动、发现潜能的课程,都对他们日后的学习、工作和生活有极大的影响;而社会情感力的单薄,导致他们初入社会时会遇到一些困难。来自校友的真实声音,让我们知道该坚持什么,该加强什么,该反思什么。教育要从"自"以为是走向"他"以为是。

我们做的第二件事是编撰新书《闪闪发光的实验人》,这是从老师们撰写的上千个"与众不同学生案例"中精选的35个学生案例。每一个案例包含老师视角和学生视角:"老师眼中的你""你眼中的实验",师生互相印证。尤其难能可贵的是,很多校友的记录都有20年左右的时长跨度。放在时间轴上,20年虽然不算长,但是在对学生长程跟踪研究上,学校的实验研究周期却是漫长的。

教育实验研究具有长期性和全程性。上实独一无二的十年一贯弹性学制为长程跟踪提供了基础,即学校与教师对学生的研究贯穿小、初、高三个阶段,学生基础教育成长历程都会被完整地记录。数字记录平台呈现了学生发展的过程性资料,显示出形成性评价对促进儿童发展的重要价值。

教育实验研究还需彰显出科学性和客观性。即学校与教师对学生研究依托专业的数字化记录平台,记录了每个学生的成长历程,为大规模的群体分析和具体的个体分析提供大量可靠的素材,提升了研究的可信度。通过对学生的成长记录进行分析和应用,教师不仅能够有效地了解教学质量如何,更能了解到学生在何处是顺利的,何处是有障碍的,以及在教学的实践中学到了什么。基于此,教师能够不断优化教学,增强教学能力和提升教学质量。

教育实验研究结果具有持久性和永久性。即专门的数字化记录平台使得永久保存每个学生的成长历程成为可能,不会因时空转变而导致记录材料遗失,这益于每个学生了解自我的成长历程,益于所有教师了解每个学生的成长状况,益于家长了解自己孩子的成长与发展。与此同时，丰富的学生成长记录资料会慢慢成为学生成长的数据库，从而为大规模的数据分析提供了证据依托，这提升了研究的可信度，既有利于发现个体成长的独特规律，也有利于发现群体成长的共同规律。

这本《闪闪发光的实验人》，既体现了学校实验研究的深厚底蕴，也凝聚了上实人的专业素养和专业能力。我们没有从功名的角度去评价学生，只是用描述性的语言去呈现学生的成长；我们尽力不做任何价值判断，追求真实地呈现每一个学生本身；我们拒绝给学生贴标签，力求发现每一个学生的闪光点；我们主张让学生参与到描述中来，与教师的描述形成关联互证，提升描述性记录的真实性。这35位学生来自2000届到2023届，时间跨度达20多年。通过撰写这些案例，学校再一次感受到基础教育对一个人成长过程的意义和价值。我相信如果能大样本、长周期地对学生进行长程跟踪研究，我们一定能梳理、总结出学生在基础教育阶段的成长规律，也一定能形成并提供与之匹配的教育。

感谢每一位"懂实验"的老师，学校的实验研究离不开你们的专业精神；也感谢亲爱的校友们对学校的钟爱，他们在《攀登》纪录片里是这么评价学校的：

- 他是我心中一个很纯净的地方，这是很难被替代的。
- 我觉得学校给了我很大的空间和自由度。让我走一些不同的路，去扩展一些自己的兴趣，我觉得这是实验带给我们的最重要的东西。
- 学校鼓励你去做喜欢的事，或者是他是要求你去反思自己的错误，并且去主动思考自己有什么改进的方案，能够让自己在未来做得更好，能够有一个切实可行的目标。
- "学校给学生带来各种潜移默化的帮助，很多都是要进入大学之后才慢慢地显现出来"，这句话在我身上是百分之百应验的。
- 作为实验的毕业生会探索人生的意义是什么，会向这个世界展示我们的独特存在，我希望这种创新的学制，这种创新的理念，这种创新的培养方式能继续下去。

目录 CONTENTS

序 ··· 1

35 位闪闪发光的实验人 ·· 1

第 1 位　2000 届　贺一帆 ·· 3
第 2 位　2004 届　邵融琛 ·· 8
第 3 位　2004 届　张慧腾 ··· 12
第 4 位　2005 届　赵俊辰 ··· 16
第 5 位　2005 届　龚瀛琦 ··· 20
第 6 位　2005 届　范梅清 ··· 23
第 7 位　2007 届　盛　成 ··· 25
第 8 位　2010 届　章心旖 ··· 28
第 9 位　2011 届　赵鹭天 ··· 35
第 10 位　2012 届　张嘉匀 ··· 44
第 11 位　2012 届　朱梦庭 ··· 48
第 12 位　2013 届　张子欣 ··· 51
第 13 位　2014 届　成　律 ··· 56
第 14 位　2015 届　李一鸣 ··· 65
第 15 位　2015 届　王　天 ··· 72

第 16 位	2016 届	王可达	……………………………………	76
第 17 位	2016 届	唐天意	……………………………………	89
第 18 位	2016 届	武光宇	……………………………………	92
第 19 位	2017 届	马沁怡	……………………………………	96
第 20 位	2017 届	唐一朝	……………………………………	104
第 21 位	2017 届	赵泽恒	……………………………………	108
第 22 位	2017 届	杨光灿烂	……………………………………	113
第 23 位	2018 届	龙晓琪	……………………………………	116
第 24 位	2018 届	孙乐怡	……………………………………	121
第 25 位	2018 届	郑志承	……………………………………	126
第 26 位	2018 届	周新智	……………………………………	131
第 27 位	2019 届	李欣杨	……………………………………	135
第 28 位	2019 届	李宜澍	……………………………………	141
第 29 位	2019 届	孙辰玥	……………………………………	145
第 30 位	2020 届	方骏祺	……………………………………	149
第 31 位	2021 届	赵思诚	……………………………………	157
第 32 位	2022 届	宋御章	……………………………………	163
第 33 位	2023 届	钱千晶	……………………………………	168
第 34 位	高中在读	林颖畅	……………………………………	172
第 35 位	初中在读	刘　尧	……………………………………	175

35 位
闪闪发光的
实验人

上海市实验学校(以下简称"上实""实验""实验学校")是上海市教委直属的实验性示范学校,是在20世纪80年代国家"早出人才、快出人才"的背景下,由上海市人民政府发文成立的,一所通过学制改革探索基础教育整体改革实验的学校。

36年来,上实始终秉承着"尊重个性差异,挖掘智慧潜能"的办学理念,坚守"开发潜能,发展个性"的实验目标,以中等偏上智力的学生为研究对象,致力于通过学制、课程、教材、教法、学生培养、教师发展等综合改革研究,助力学生全面而自由地充分发展。

1986年,第一轮实验班的学生用七到八年的时间完成了小学到高中的所有课程,并考入大学,实验显示出了强大的生命力。从1992年至2022年共有27届毕业生,其中由于学校发展原因,1993年、1995年、1997年没有毕业生。据初步统计,现累计有毕业学生4 160人左右。校友遍布全球多国。本书将选取35位校友,由校友、老师共同讲述闪闪发光实验人的故事,以校友视角凸显实验"攀登"精神,呈现学校探索潜能开发规律,深化教育教学整体改革的办学成效。

第 1 位 | 2000 届 贺一帆

学生简介

1990—2000	上海市实验学校
2000—2005	同济大学管理科学与信息系 管理学学士
2005—2008	清华大学中文系计算语言学实验室 文学硕士
2008—2011	都柏林城市大学计算学院 博士
	(导师 Andy Way、Josef van Genabith)
2012—2015	纽约大学计算机系 博士后研究员
2015—2018	博世北美研究院
2018—2021	阿里巴巴(美国)有限公司
2022 年至今	Google

老师视角　老师眼中的你

1995 年我送走 94 届高三毕业生,接一个五年级的班级。从高三直接翻下去接初中起始班,在今天看来跨度很大,一开始有点想法,但也接受工作安排。

这个班级 36 人,10 名女生,26 名男生。一套黄色的校服,个个穿得都像小黄鸭。

给我留下深刻印象且一直保持联系至今的是贺一帆同学。最初的印象中,他是一个极其勤奋又节约的学生,我接班时,他父亲刚去世,妈妈做会计,家里条件还可以,但是从未见他买过或者吃过零食。有一次去杭州博物馆考察,回来要写考察报告,很多同学都买博物馆的介绍材料,但他不买,现场抄,抄不完的回来问同学借了抄。他写出的考察报告不仅有详尽的内容,还有自己独到的感想,为此我在一次班会课上特地表扬了他,但他好像并不以为意。

不要以为他是个不爱说话的学生,在我的课上他是最喜欢提问题的一个。每一节语文课,他总是这样开场:"徐老师,我想问个问题。"他好像故意要挑战我的权威,每次我讲解完一篇课文,他总会抛出几个问题,有些我在备课的时候没准备过,看到我有些措手不及时,他就会很得意地坐下,觉得这节课很有成就感。有时课堂上我和他因为一个问题,出招接招好几个来回,同学们像看好戏一样希望分出胜负,当然他们更希望老师输,然后下课一片欢笑。他的作文、随笔中都有与他的年龄不符的成熟、缜密的思维、流畅的表达。批改作文我总喜欢先挑他的读,写的评语有时比他的文章还要长,有时课堂里的争论延续到作文批改里,来来回回,乐此不疲。

到了六年级,他说学校的校报《沾露草》太难看,要自己搞个文学期刊,我当然暗自高兴。于是开学时在全班征集刊名,为了与"沾露草"对应,起名"沐雨藤",主编是贺一帆。关于这一段经历,我曾经写过一篇随笔《守望者》(摘录):

> 班中几位文学青年有一天向我提议,想办一本文学刊物。望着他们热切的眼神,我没有拒绝的理由,但不忘提醒一句:"不要影响学习。"他们响亮地回答:"不会!"
>
> 热火朝天的刊名征集活动随即在班中进行,并通过投票确定为"沐雨藤"。理由是它虽然很柔弱,但经得起风雨,虽然不起眼,但总能以翠绿的藤蔓展现生命的原色。又因为与原校报《沾露草》形成姐妹对,大家对刊名都颇为满意。
>
> 接着是写稿、组稿、打字、电脑排版、校对、打印、装订,一切都由他们自己动手。当捧着尚带着余热的第一期《沐雨藤》时,他们非常激动。为了降低成本,主编贺一帆和同学们又开发了电子版,并多次举行演示会。《沐雨藤》创刊号的序是这样写的:
>
> 《沐雨藤》终于出版了!我们并不是只注重结果的人,但是看到自己亲手创造的近乎完美的结果,我们感到前所未有的满足。它印证着整个过程,留着我们的汗水和疲劳,留着我们的困惑与尴尬,留着我们的快乐与幸福,我们还求什么呢?我们审视我们的结果,俨然一个批评家;我们倾注更多的热情为它奔波,俨然一群发烧友;我们重新创作更新更好的作品,俨然是自己的竞争者;我们热爱这本杂志,俨然是它的父母,它带着我们的体温、我们的理想和愿望。我们充满信心地宣布:这是《沐雨藤》,这是我们的结晶,我们就像捧着自己的新生儿,他带着我们的体温、我们的爱、我们的希望。为了使其生命延续,我们还要唤起低年级同学对文学的渴望。今天是《沐雨藤》的生日,待50年后,饱经风霜的它可

安然无恙乎?

主要编委们还签了一份三年期的工作合同。

我抑制不住读到这段文字时的激动心情,我的学生是那么富有热情、激情,教师只要用同样的热情、激情去回应,那他们就会迸发出无可限量的创造力。记得我也写了一段同样热情洋溢的文字:

我对《沐雨藤》有着与你们一样的感情,我和志同道合的同学们亲手栽种了它,看着它萌出了新芽,抽出了嫩绿的新枝,我也看到平时粗粗疏疏的大男生们对这棵新藤赋予了最细腻的感情、最真挚的关爱。也许不久的将来,你们会离开学校,离开《沐雨藤》,但是我将是它最忠实的守望者,我会让它得到更多雨露的滋润,呵护它每一条繁密的枝藤,祝福它健康成长。《沐雨藤》将是我们神圣而又美好的情感的象征。我向你们郑重承诺:只要还在学校一天,我就始终是《沐雨藤》忠实的守望者!

补记:

这篇文章写于1997年,虽然今天读来与我的学生一样的稚嫩,但它还是能感动我。20多年过去了,我兑现了承诺,我守望着这本小小的杂志《沐雨藤》,看着它在学校常青常绿。当年创刊的那些青春少年,大多游学、工作在海外,他们与我联系的时候,从来不问这本杂志还办吗。因为他们知道,有徐老师在,《沐雨藤》一定在。

本希望他考文学类专业,但他大学考到同济大学管理科学与信息系,后又到清华大学中文系计算语言学实验室,拿了个文学硕士,也算给我留了点面子。再后来在爱尔兰和美国读博士和博士后,研究的方向似乎是符号与信息技术,有一次他告诉我,这个跟文科有点联系。

他结婚时请我当证婚人。我最后是这样说的:"我非常敬佩新娘子的眼光,贺一帆一直是个心地善良、做事认真、秉性率真、不花言巧语却感情绵厚的人,跟着他,今天携手走进婚姻的殿堂,将来你们一定会建设一个充满知性、富有情趣和美满幸福的家庭。"

他在答谢词中说了一段一般婚礼上听不到的话:"没有徐老师,我可能捧着个铝皮碗在地铁里乞讨。"来宾哄堂大笑,我听着却很有触动,他以他一贯语不惊人誓不休的话语表达了对老师的感谢,而我因为这个学生,实现了专业的发展,提升了自己语文教学的能力。

他现在只要回上海就一定会来看我,来时依然背着一个双肩书包,衣着普通,每次从包里拿出两块巧克力,虽然我不吃,但都很认真地收下,然后漫无边际地聊会儿天,每每如此。

疫情两年多,没办法回上海,他生了个女娃,发照片给我看,相貌随他。

至今他仍以"找我茬"为乐。有一天看我朋友圈的一段话,"致以新春快乐",就给我发微信说,你写病句了,只能"致以新春祝福"。我只能为自己的用词不慎深感愧疚。

——徐红校长

学生视角　你眼中的"实验"

兴趣导向。实验学校不论是在教学还是在课外活动中,都高度强调学生的兴趣导向。例如我在初中阶段接触到的"文科交汇"课程,没有课本,没有命题作业,而是要求我们根据自学和专家讲座的内容,凭自己的兴趣选题,自主收集资料,完成课程报告。在高中和大学阶段回顾这门课程,我可能会认为最大的收获是文史知识的丰富,现在看来,更大的收获是锻炼了自己寻找兴趣、确定目标和规划工作的能力。

拿我自己举个例子。我本科就读于同济大学信息管理与信息系统专业。之后看了不少本专业以外的"闲书",发现自己对计算语言学非常感兴趣。计算语言学(或者称为自然语言处理)如今是人工智能领域最热门的学科之一,许多高校和公司都投入了巨大的资源来研究。可是在当时这个领域主要还是学术界从兴趣出发的探讨,学习资料也不多。因为在上实的学习过程中有很多自主探索的机会,我自然而然地想到收集相关资料、联系导师,进入清华大学中文系的计算语言学实验室学习。我发现身边不少同学或学长也有类似的经历,有的在中文系求学期间参加大学生程序设计竞赛并获奖,后来在自然语言处理领域取得了很出色的成绩;有的在工科类专业求学期间,自学语言学相关知识,最后攻读方言方向的博士。十多年后,当时认识的这批同学还有许多仍然在本领域钻研并且乐在其中,可见在求学期间找到自己的兴趣并且为之努力是非常快乐的。上实在这方面的培养对于我的个人成长有着非常积极的影响。

持续学习。经历了很多考试和面试,我最大的体会是大多数的知识经过努力都是能学会的。因此保持兴趣和自信心、持续学习比初始的成绩更加重要。比较幸运的是，上实在这方面特别重视，早在我入学的 90 年代初就在小初阶段取消了百分制，并且引入了各种开放式课程培养我们持续自主学习的能力。我在硕士毕业之后，申请到爱尔兰都柏林城市大学攻读博士学位，又到纽约大学从事博士后研究，至今一直从事计算语言学相关工作。随着人工智能研究的热潮，学科发展很快。博士毕业之后，大的方向转变至少有两次，因此兴趣和持续学习就显得特别重要。对我来说，这恰好延续了从上实开始养成的习惯。

独立自主。 上实的教育方法还有一个特点是强调培养学生独立自主的意识和能力。记得当时从五年级开始学校就组织我们去上海郊区或周边省市考察，学习放松之外，可以通过一周离家生活培养独立生活的能力。敢于带上一群十二三岁的孩子远足一周，回想起来非常佩服实验老师们的胆识和责任心。另外，在学习和课外活动中，上实的老师也非常尊重学生的观点，记得我当时从来没有迷信过老师，还经常与老师辩论。

我在后来的学习和工作中经常需要搬家，不过总的来说都能比较快地适应，可能也算是发扬了母校的精神。至于独立思考、不迷信权威就更重要了，这方面只能说母校打下了很好的基础，我做得还不够：对具体问题能够做到独立分析，但是遇到风险更大的方向判断往往缺乏胆识。只能继续学习提高了。

学生视角　未来愿景

我是希望在这个领域里能比较精确地理解自然语言处理的前沿工作。根据我的经验，我敢说国内一多半工科教授，北美至少一小半工科教授，在退休的时候，都无法做到精确理解本领域的尖端工作。

第 2 位 | 2004 届 邵融琛

学生简介

邵融琛，1998 年进入初中部，2004 年高中毕业，时任一班班长和校学生会主席。本科就读于上海交通大学管理学院，毕业后加入宝洁，现就职于盒马。

老师视角 老师眼中的你

邵融琛是实验学校 2004 届毕业生，我和他的结缘始于 1998 年，他进入实验初中部，在浦东大道 1600 号我们相处了六年。初中三年我担任他的语文老师，高中阶段我还有幸成了他的班主任。在同学的推举下，他成为我当时的班级（2004 届一班）的班长，我还把他推荐给学校学生会，他又毫无意外地被推选为学生会主席。

令我记忆深刻的并不是邵融琛学习如何自觉、轻松，成绩如何一直领先，而是他作为一个优秀的学生干部的品质和素养。

高中阶段，作为学生会主席，他参与组织了学校很多活动：校运动会、辩论赛、艺术节等。我几乎都要担心他的学习时间是否得以保证，而他却还有余力成为各种"民间游戏"的策划者：在求真楼中庭打羽毛球，以绳作网，以墙为界，常常能聚起二三十人，还会有教师参与；在勤思楼教师办公室外的空地，拿毽子开发新运动，因很好地控制了音量而未被取缔；成立"体育博彩非营利公司"，班级会员 20 人，最后把一年利润 25 元捐给了希望工程，是当时各班级捐款额最大的"土豪"；还有什么计算器随机模拟橄榄球赛，三枚硬币的桌上网球赛，垃圾桶草稿纸的篮球赛……这些小游戏虽上不了台面，却是自定规则、自发组织的"系统性工程"。如同商业上讲的，遵循规则的是二流公司，制定游戏规则的才是领军企业一样，他带领同学们一次次地开发新活动，乐此不疲。确实，书本知识只是终身学习中的一部分，倒是这些兴趣爱好、创造力，在活动中的为人处世、团队领导，显得更为重要。邵融琛被上海交通大学自主招生录取成为管理学院的优秀生，毕业后顺利进入宝洁，后又被外派新加坡，他总让我感觉能力绰绰有余，我想这可能就是在实验做学生干部那些年对他潜移默化的影响；还有那一届的学生，好像一直没有停止过"玩耍"，但所创的高考佳绩在实验历史上至今仍是一个传奇。

作为实验学校培养的优秀学生干部，不得不提关于融琛的那被我称为最"浓墨重彩"的一笔：高三自主招生，邵融琛毫无悬念地获得上海交通大学自主招生 A 档录取资格（高考成绩到上海一本线投档线即可录取交大，到交大投档线，即可自由选择交大任何专业）；而高三优秀毕业生选拔，他又是票选最高的，高三优秀毕业生可以获得高考加 10 分的优惠。但因为已经有十足把握进入交大，他决定放弃优秀毕业生的名额。好心的老师们还一再提醒他再考虑考虑，他轻松地笑着说："我高考没有问题的，老师放心！"果然高考放榜，他得到了 548 的高分，若加上那 10 分，快到清华大学的分了。我还是很为他遗憾，而他说："这样好，要不然我要为是否要去清华大学纠结，现在不用选择了。"他说得那么轻松，就好像是他在一个时间段里决定选看篮球赛而放弃足球赛一样，他觉得篮球赛很精彩，不后悔。

毕业后我们一直保持着联系。2014 年，我们班高中毕业十年聚会，他当仁不让是主策划。在微信里建了一个群，群名是他起的——"千年一班"，寓意永远的友谊和对班级集体的无限自豪，和他的性格一样大气，每每看到这个群名，我就会会心一笑，这真是个大班长！

他和实验的缘分远未结束，他在自己的岗位上努力着，为母校添彩！

——袁万萍老师

学生视角　你眼中的"实验"

我们是上海市实验学校浦东校区的第二批学生，当时校区在浦东大道民生路，我对校园的印象还停留在那个常年秃着的操场上。看到母校十几年来越来越好，作为校友感到非常高兴和自豪。

我的高中班主任是袁万萍老师，她的教学非常开放、创新、多维度，作为学生学到的东西远比课本上的多。2001 年高中班级成立，新千年的第一年，又是一班，后来班级微信群取名为"千年一班"。同学都非常优秀非常真实，这样的班级可能一千年才会出一个吧。还有初中班主任李萍老师,以及学生处瞿祖芳老师和陈丽萍老师。老师们不仅传业解惑,更对我的生活和成长提供了很大的帮助和辅导。

中学是一个人成长过程中最重要的阶段,在实验的这六年很好地塑造了我的世界观和学习观。

在实验,学的内容很杂,形式不拘一格。我们在语文课上演过话剧,播过新闻,袁万萍老师当时说我的主持风格像白岩松,后来我工作时在各种场合主持会议和讨论,还延续着理智犀利的风格。英语老师会在课上给大家放欧美歌曲,记得有次放 No Matter What 让我们填歌词,结尾音调最奇怪的几个词感觉是在故意刁难我们。实验着重培养的是一个人的综合能力,不局限于短期的成绩和考试分数,愿意把上课的时间拿出来让大家去"折腾",甚至带着一大群十二三岁的"小屁孩"离开上海去做个三天的社会考察。"弹性""自由"这些词都是我对实验文化的感觉。这些从短期来看对成绩没什么用的内容学习和"不务正业"的形式,其实会从多维度来刺激一个人的潜能,长期来说比书本更能让学生受益。

在实验,环境宽松不功利,特别鼓励自驱力和创造力。作为那届的学生会主席,我参与组织过辩论赛、足球赛、艺术节,有时还要组织老师们参加活动和安排任务。这些事都是我自己主动做的,而且还乐此不疲。借事修人,我在实践中学会了如何把一件事情做成,这也是以后走上社会需要的核心能力。还有在各类民间活动中建立游戏规则。我喜欢各种球类运动,在操场一块三角草坪用水瓶和纸团打棒球,课间10分钟在教室外改造一片场地踢毽球,用计算器的随机数功能玩橄榄球游戏——这个可能是全世界只有我们班的男生才会玩的游戏。后期我们还成立了虚拟公司组织博彩游戏,有了第一次"创业"经历。阿里巴巴公司对一个高层级的人的要求是要会无中生有,自己创造一个东西,比简单地跟着别人走,对能力的要求高很多。实验给了我们很大的包容度,宽松、不急功近利的文化,让我们有时间和空间去尝试自己想要做的事。

这些学习观也潜移默化地影响了我之后的就业观和对子女的教育。我对公司几个团队都讲过,除了完成日常工作外,更要关注自己能力的成长。当你觉得一个岗位已经没有什么新东西可以学习时,就是时候换一个环境了。我对子女的教育也很杂,也总是基于兴趣授业。在幼儿园的时候,我没有教他们弹钢琴或者拼音,但会在旅游时教他们识别星座,空下来和他们玩摩斯密码。儿子5岁时,有次我在商场里看到他特别喜欢看别人玩太鼓达人,让他试打了一下,他节奏感很强而且很喜欢,我就给他报了课,结果学了半年他居然拿到了上海市架子鼓比赛的第三名。儿子取名邵新成,取自《道德经》:"夫为不盈,故能蔽而新成。"只有不满足,才能不断学习,不断更新自己和成长。学摩斯密码有什么用吗?应该没有。但为什么学习一定要有目的性呢?学习新的知识本身就是一件很快乐的事。

我的两个小孩应该算是实验二代。帮助他们找到自己的兴趣和特长,激发潜能,发现自我,这算是我对实验精神的最好延续吧。

学生视角　未来愿景

我最近有个小想法,想投一些钱建一个实验校友基金会,专门扶持和投资实验校友在毕业2—6年后的微小型创业项目。基于相同的教育背景,这种沟通的信任度会非常高,也算是一种对母校学弟学妹们的支持。

希望实验学校越办越好!

第 3 位 2004 届 张慧腾

学生简介

张慧腾，1998年进入上实初中部，2001年免试直升高中理科班，2004年高中毕业。在校期间任校团委宣传部部长、团支部书记。

2004年考入华东师范大学中文系，2008年免试直升课程与教学论方向硕士研究生，2019年被录取为华东师范大学教育学博士研究生；2008年入职复旦大学附属中学担任高中语文教师；2017年获上海市"五一劳动奖章"及"上海市教学能手"称号；2021年获全国"五一劳动奖章"。

老师视角 老师眼中的你

初中考入实验学校，张慧腾最喜欢的课程是语文。被问及难忘的课程和老师，他如数家珍。中一的严敏沁老师教学经验丰富，用新颖的方式激发了大家的学习兴趣。令我对张慧腾印象最深的是一次微格教学的经历，要求大家选一首诗来"作画"，再用5分钟时间为同学们讲解这首诗的内容。他选择了李白的《望天门山》，喜欢它写景之大气。

中二第一次上叶红老师的课时，老师引用了杜牧《山行》中"霜叶红于二月花"介绍自己的名字。大家朗读这首诗的时候，都把第一句"远上寒山石径斜"的末字"斜"读成"xié"。张慧腾举手说："这个字应该读xiá，才能押韵。"那时候他还说不清押韵到底是怎么回事，但老师很高兴地表扬了他，于是他从第一节课开始就喜欢上了这个老师和她的语文课。

到了中三，张慧腾对三国如痴如醉。当时的语文老师廖晓宁讲完《出师表》之后，让同学们结合诸葛亮的生平事迹写一篇文章。张慧腾在文章里指出诸葛亮不救关羽的问题，认为这是蜀汉集团由盛到衰的转折点，并充当了一回"事后诸葛亮"，替诸葛亮重新谋划了夺取天下的方案。虽然现在看来他的那篇文章很幼稚,以为军事战略如同纸上谈兵那么简单,但廖老师当时非常鼓励他,把作文读给全班同学听,和班上其他"三国迷"一起切磋讨论。正是这样的包容和鼓励,让不同个性的同学聚在一起,相互点燃、相互激发,实现"万类霜天竞自由"的状态。正如徐红校长所提倡的"容长护短"的教育理念,把每一位学生当作独一无二、不可复制的生命体来培养。

张慧腾酷爱三国,从小时候的手绘连环画开始,到罗贯中的原著、毛宗岗父子的批评本、电视书苑的苏州评话、张国良的《评话三国》、袁阔成的长篇评书,再到后来主动看《诸葛亮文集》《三国志》。有些书在图书馆所藏不全,他就像探寻金矿似的,四处淘书找寻。实验有一个特别的研究性学习课程,鼓励学生们深入感兴趣的领域探究,张慧腾的课题组专门比较了《三国志》《资治通鉴》《三国演义》各部作品的关系。

进入高中,班主任李萍老师让张慧腾承担了团支书的工作,三年的工作让他获得了许多锻炼与成长,从贪玩任性的小男孩,蜕变成为懂事善思的大男生。而真正为张慧腾打下基础,使他立志当教师的是高三的语文老师吴业钧。

吴老师高二暑假第一次见到大家时,布置了一份个性化作业,以表达自己的个性思想。张慧腾洋洋洒洒写了一篇《惋叹庞统》,从提出庞统死于自身性格的观点入手,重点探讨才华与个性之关系,得到了吴老师的充分肯定。吴老师还组织大家在每个语文早自习上积累一首诗词,由同学们来讲解。作为班里"第一个吃螃蟹的人",张慧腾查阅了许多诗词鉴赏书籍之后,选择了许浑的《咸阳城东楼》进行讲解,讲的效果还不错。当时的他可能还不知道,若干年后,为同学们讲解诗词将会成为他工作的一部分。

自实验毕业后,张慧腾被华东师范大学中文系零志愿录取。大四时,他依照学校安排到建平中学实习,发现了做教师的独特幸福:"和年轻学生在一起,感觉自己也一直很年轻。"本科毕业后保研至课程与教学论专业,他进一步坚定了成为一名教师的理想。

张慧腾对语文教学工作的描述,并不如我们刻板印象中一样充满了批改作业的心酸。他觉得作为一名老师,幸福感主要有两个来源。

第一,他认为教师需要不断阅读、不断进步,这是过往学习的延续。所以每当备课到会心处、讲课到得意处,都会产生一种很美好的体验。

第二,能得到学生的反馈和喜欢是他最开心的事情,学生成才是他最大的梦想。张慧腾在各类教学比赛中取得了很多荣誉与表彰,但他将这些看得很淡。"当学生们的眼睛为你而亮时,那就是他们在为你颁奖——我永远期待着来自学生的颁奖。"

在"内卷"严重的今天,除了教学任务之外,班主任和年级组长的职务让张慧腾面临着特殊的命题:在提升课堂教学水平和升学质量的同时,更有挑战和意义的是确保每一位学生身心健康,幸福成长。

有些学生因为学习压力、交往障碍、家庭背景、心理问题等状况暂时处于困境中,他们的改变可能困难而缓慢,教师们需要给予专业的指导和充分的关注,也需要更多的爱心、慧心、耐心和恒心。教师对学生既要履行管理和教育的责任,又要让他们感受到平等和关爱。

"教师的日常工作琐碎繁杂,但我相信功不唐捐,因为每一个孩子都是不可取代的财富。每一天投入、每一点付出、每一分努力、每一种尝试,都会成为学生进步成长的养料,也会成为教师自身发展的基石。"

张慧腾在工作之余,还是上海市科普作家协会的会员,参与了中国文学作品选读书目的编撰。基础教育教师也许不是最前沿领域的研究者,但他们承担传播普及的工作,有责任也有义务为提升公民的认知水平和思维品质而努力。

科普作家和中小学教师是有相通之处的。"写作要考虑读者,教书要心怀学生,两者都扮演着纽带和桥梁的作用。如果要说不一样的话,那么写作的过程是自我创造的过程,而教书则寄希望唤起和激发未来更多的创造。"

张慧腾曾在《我心中的三尺讲台》一文中,将课堂的发展划分为三个阶段:"展馆"是教师注重自我专业知识的展示;"舞台"是教师通过展示"教"引导学生的"学";而"磁场"是教师能与学生在看不见的生命场域中共情、共融和共振,这是他所追求的课堂的理想境界。

——金珉老师

学生视角 你眼中的"实验"

让我印象深刻的,是高一时无意中看到班主任老师为学生写"文字画像",上面记录了学生的典型案例、性格分析和发展期待等内容。早在20年前,实验就以档案袋的形式实现对学生的过程性评价,充分体现了对学生个性发展的关注,可以说是走在了时代前列。

从教师的视角回顾学生时代,不禁感慨"共情"的重要性。"自己当学生的时候,觉得家长和老师有时候不懂自己,现在当了老师,就特别希望能真正懂得学生。"苏霍姆林斯基说,教育者应当深刻了解正在成长中的人的心灵。我认为良好的师生关系是教育成功的基础,所谓"亲其师,信其道",学生喜欢这门课,喜欢这位老师,就一定能喜欢学习、善于学习。

对于中学教育,我提倡"教学公平"的理念。教学公平要求老师们关注每一位学生在课堂中的转变和成长,把每一位学生作为独一无二的人看待。但具体到高中教育的任务,他提到了升学和发展的平衡。高中教育要为学生的三年负责,使学生通过优秀的成绩来获得满意的升学结果;但高中更要为学生未来的三十年负责,帮助学生学会学习,具有后续的发展力和竞争力。

学生视角 未来愿景

我曾在《中学语文教学》杂志上发表《我心中的"三尺讲台"》一文,其中写道:"我将一直坚守'三尺讲台',敬重'三尺讲台',珍视'三尺讲台'。心中的'三尺讲台'指引着我不断追寻——溯洄从之,溯游从之。"

谈起自己的教育理想,我想引用怀特海的说法。怀特海说,学生是有血有肉的人,教育的目的是为了激发和引导他们的自我发展之路。"每一位毕业生今后不论前往何方,踏上怎样的工作岗位,都能不断进取,勇于攀登,我想这是教育最大的成功。"

对于"成功"的定义,我有一种小而美的诠释。"今天的人们大多渴望世俗意义的成功,财富、名望、地位、权力等,只要不被工具理性和功利主义控制,这些追求也许无可厚非。不过,对更多人而言,我们的人生是平凡而普通的,那么在这样的平凡和普通中找到自己的幸福感和成就感,便是我们要面对的人生课题。超越了外在的唯一的衡量标准,我们都能发现并珍惜自己生命中拥有的各种美好。"

第4位 | 2005届 赵俊辰

学生简介

赵俊辰是1999年进入上实初中部,在当时的浦东大道校区度过了6年的初中和高中时光,一直到2005年高三通过复旦大学自主招生考试获得自主招生资格,优先录取进入数学系就读。复旦毕业后进入英国牛津大学就读数学与计算数学专业,以优异成绩毕业并获得硕士特优学位。

毕业以后便进入了伦敦高盛著名的FICC部门(Fixed Income, Currencies, and Commodities,固定收益部门),从事外汇高频交易业务。后来又从伦敦漂洋过海搬到了纽约,加入了摩根大通的外汇交易部门。2013年加入纽约的巴克莱资本自营部门,从事股票和期货高频交易,并在25岁时被提升为公司全球最年轻的副总裁(VP)。之后跟随该自营团队成为一家全球对冲基金的初创成员,目前该基金公司管理规模已超150亿美金(约1 000亿人民币)。

2017年,赵俊辰从纽约搬到了新加坡,决定要自立门户成立自己的基金管理公司。赵俊辰在新加坡和上海分别成立了两家基金管理公司,都获得了当地的资产管理牌照,并在两地都有团队进行策略研究、投资交易、技术开发、募资和产品运营。目前,国内外的管理规模超30亿人民币。

老师视角　老师眼中的你

当时我分管学生工作,学校男生比例高,行为规范存在很多问题,调皮捣蛋的男生特别多。记得初中年段的他,也算是既聪明又调皮的那一种男孩。整天盯着老师,问这问那,充满好奇。

班级里一有动静,肯定有赵同学的参与。有一年运动会,班级里一位同学在跳高项目中不慎摔下,手臂严重变形、骨折。学校叫了救护车,赵同学非常激动,忙前忙后,招呼同学避让,活动能量很大。从这点看,他在团队中很有号召力。另外,赵同学兴趣非常广泛,艺术、运动、阅读,每一项都孜孜不倦。他特别擅长理科,数学、物理、化学,都是他最喜欢的学科。

——瞿祖芳校长

学生视角 你眼中的"实验"

实验对我的影响是巨大的,不论是在中学阶段的学习,还是大学阶段的成长,甚至在工作以后,包括现在的三观。

我清晰地记得,初中时最喜欢的课是课外兴趣班,当时我报名学习了两年的钢琴课,后面也短暂学习了手风琴,在清音楼度过了很多快乐的时光。在初中相当长一段时间里,我每天在练琴上面所花的时间甚至多于学习和写作业的时间,但是我非常享受那些跟自己对话,集中精力不断揣摩练习的时光,它跟我的"主课"完全无关,但是培养了我静心思考、精益求精、追求完美的一面。当然,音乐本身对我的熏陶也是一辈子的,现在35岁的我还是会经常去听音乐会(有时候还会带上儿子),不管是古典的还是现代的,我甚至对传统戏曲包括京剧、越剧等也有浓厚兴趣,这跟实验的熏陶是密不可分的。

初中的时候我还系统地参加过信息学竞赛培训,这在现在看来可能再正常不过了,但是要知道在20多年前操作系统还是win2000的年代,实验可谓是走在时代前列的(你们可能难以想象,当年复旦大学软件科学专业还是调剂专业)。当时的信息学学科带头人谈鑫昌老师,在年级当中选拔了一些"苗子"进行信息学竞赛培训,我有幸成为其中一个。当时初中的我只觉得好玩,十三四岁就在学习清华大学的《算法与数据结构》,什么都是新鲜的,每当完成一些复杂程序的编写都会非常有成就感。可惜的是,到了高中我就中断了信息学竞赛的培训,因为从当年来看,信息学只能算是兴趣爱好,完全不算主课,是影响学习的。为此谈老师还多次找我家长谈话,希望他们能够让我继续训练,因为我是个"好苗子",但是我的母亲并没有采纳他的意见。即使如此,早年的编程教育让我大学以后乃至现在都受益匪浅。扎实的编程基本功以及深入骨髓的系统化训练,让我比其他学理工科(尤其数学)的同学在这个越来越依赖计算机编程和人工智能的世界里更如鱼得水。我现在所从事的量化交易领域,更是对编程有极高的要求。根据我在国外多年的观察比较,我的编程"童子功"哪怕在华尔街那些顶尖毕业生中也是非常领先的,这些都要归功于实验对我的教育。而值得一提的是,谈老师对我们的培训都是免费的,都没收过一分钱!这在现在恐怕是难以想象的了。

从高中开始,我非常喜欢实验的图书馆,会花很多时间泡在里面。由于实验前身是上海市第六师范学校的缘故,图书馆里面也有很多曾属于第六师范的书籍,而这些书籍覆盖面之广、深度之深,远远超过了一个中学该有的范畴,这点让我狂喜不已。我在中三毕业的暑假就自学完了所有的高中数学和高中物理,高一暑假甚至连基础的高等数学和大学物理都自学了(我看的很多还是第六师范遗留下来的苏联教材,非常有趣)。很庆幸实验不是一个"竞赛很强"的学校,没有"竞赛名师"带着大家刷题,当时的我在闲暇时间把兴趣和思考都转到了数学和物理,尤其是数学。当时在图书馆找了很多很有意思的"数学周边"书籍,从古希腊数学史到数学家的八卦轶事,从生活中的概率统计到费马大定理,我对于"数学"的理解已经从一门考试的学科升华到了一门神圣的而又跟人类文明发展息息相关的古老学科。于是我后来在报考大学志愿时,毫不犹豫地就选择了数学专业,因为我很早就考虑得很成熟了。说到报考志愿,其实当时也受到了父母不小的反对。因为有自主招生资格的缘故,我其实可以选择任意专业,父母觉得我应该去更有"钱途"的金融、经济专业,但是被有志于做数学家的我"嗤之以鼻"。更有趣的是,来到了复旦数学系,发现很多同学其实并不喜欢数学,只是因为数学专业是"热门专业",当然这又是另一个话题了。

相信大家从上面已经看到,实验给我的影响除了高质量的学科教育以外,更重要的是给了我充分的空间,让我能够培养起自学、独立思考、独立做出选择的能力,这些对我现在依旧有巨大的影响。记得我第一天进入复旦大学校园去报到的时候,辅导员给我们开第一次班会,问在座的有哪个是自己一个人来的。只有我举手说,我真的是一个人骑自行车来报到的,大家一片哗然,因为我早就习惯了非常独立的生活甚至迫不及待地想要开始自己单独的旅程。复旦人常会开玩笑称自己为"自由而无用的灵魂",而这种"自由",这种"无用"其实在实验的几年间就早已深入我的骨髓了。

学生视角　未来愿景

2017年我从之前的对冲基金辞职,成立了自己的对冲基金公司,在新加坡和上海都有团队并且国内外都有业务,一路上经历了大大小小数不尽的坎坷,磕磕碰碰但是走到了现在。实验的教育给了我突破自己的勇气，我告诉自己要时刻准备挑战极限，即使遇到再大的困难也要相信有解决的办法。作为一个公司的老板，作为一个丈夫，两个小孩的父亲，我不仅要对家人负责，更要对公司 20 多名员工（以及他们的家人）负责。

在将来的日子里，我希望能够带领公司的团队继续在量化投资领域深耕发展，不仅在中国市场，也要扩展到全球市场，做出顶尖的成果，让我们能够在世界的舞台上发光发热。我希望在公司管理规模扩大的同时，能得到全世界投资人的认可，在顶尖的资产管理行业崭露头角，并取得长足的发展。这一定会很难，但我就喜欢挑战困难的事情。

另外，在未来有强大经济实力的时候，我也希望能够回馈社会，做一些力所能及的事情。这个世界还很不完美，有很多不公平不合理的地方，如果大家都不做出努力，这个世界就不会有进步。比如中国还有很多地方教育资源非常匮乏，很多孩子不能得到良好的教育，希望我们将来可以对此作出一份贡献。再比如，作为一个数学系走出来的学生，也看到过国内外数学教育资源的对比，我很清楚我国基础科学的经费依旧是匮乏的，并且由于各种原因基础科学对学生以及老师的吸引力不高，我希望将来能够在资源分配上作出自己的贡献，让更多资源可以直接帮助到基础科学，吸引并且留住更多的人才，因为基础学科才是整个社会进步最难但又最根本的领域。这也会很难，但这会很有意义。

富兰克林说过，"有些人 25 岁就死了，75 岁才埋"。而 35 岁的我觉得自己很幸运，因为我还能感觉到我的脉搏我的心跳，我对未来充满期待。愿我们都能发现并珍惜自己生命中拥有的各种美好。

第 5 位　2005 届　龚瀛琦

学生简介

龚瀛琦1995年入校，2005年毕业，完整地经历了上实的"从童年到青春，十年攀登"。

毕业后龚瀛琦考入了复旦大学国际关系与公共事务学院，本科后直研读了复旦新闻系。毕业后就一直在媒体行业，第一份工作在财新传媒，后来2014年底就创业做了自己的媒体公司"清单"。

"清单"是一个生活消费媒体，成立7年，目前微信矩阵有200多万粉丝，抖音有250多万粉丝，在消费类新媒体中算是相对头部的公司，著有《再见，敏感肌！》《再见，睡不好！》《再见，小肚腩！》等。

老师视角　老师眼中的你

我是龚瀛琦初中的班主任。我们学校初中是三年，五、六、七年级。我是1999年进实验开始做五(3)班的班主任。当时是在田林校区，这个年级当初共3个班，五(3)班是年级里的好班。接手这个班后，暑假就开始家访了，我依稀还记得去龚瀛琦家的家访。初次见她，乖乖巧巧的一位女生，个子矮矮的。话也不多，问啥就答啥，不太爱笑。开学后，我才知道这位瘦瘦小小的女生有多优秀了。她不仅成绩名列前茅，而且参加的学校的主持活动非常多。我记得她是学校话剧社的，当时有位辅导老师非常有名，每次她辅导的我们学校的参赛节目都会获奖。龚瀛琦在主持或朗诵时，一直是这位辅导老师的主力队员，承担着非常重要的任务。她还参加学校的古筝队，坚持每周排练。虽然各项工作很忙，但她从不耽误学习。而且她的性格非常沉稳，超过了她五年级时应有的成熟度。做事有条理，不急躁。与同学相处关系也很融洽。当时我们每学期都要去外地考察三天。她是班干部，协调能力、组织能力都非常出色。后来,这个班毕业后去了浦东校区,我还是留在了田林。这个班里有一批优秀的学生,包括龚瀛琦,在高中阶段表现非常出色,一直为许多老师称赞。

——姚谨老师

学生视角　你眼中的"实验"

对我来说,实验几乎等同于我的童年和青春,我很难确切地说实验影响了我什么,但是,实验塑造了我,让我成为现在的样子。

以前在学校时感受并不深刻,后来上了大学、踏入社会以后,才真正理解,实验和其他学校有太多不同了,直到现在我都非常怀念——

● 从一年级开始,每个人都能有一个自己的兴趣爱好,我是在学校学习的话剧和古筝,中三毕业就考完了古筝十级,这个即便放到现在都有点不可想象,公立学校有这么好的兴趣班;

● 从四年级开始我们每学期都有出省的社会考察机会,即便是日常的学习,也非常注重实践和观察,美术课我们真的可以去上海博物馆看大克鼎,而不只是在课本上看图画;

● 老师从来不只是以考试为目的给我们上课,这个说起来就太多了。我们在课堂上甚至学到了很多所谓的考试中用不到的技能,但无论是这些思维方式,还是看待世界的方法,都让我们站得更高、看得更远。

如果一定要说一个实验对我影响很深的地方,可能在于,实验真的让我们每个人都勇敢地去成为自己想成为的样子。

我还记得高中的时候,有一次在周记里写"我想成为一个战地记者,环游世界",当时的语文老师朱镇还当堂朗读了我的作文。高中时我就在实验加入了学生电视台,大学后也一直参加广播台,我曾在上海 SMG、香港 TVB、新华社等媒体实习,毕业后也去了我最向往的财新传媒,到现在自己创业做了"总编辑"。一路走来,我很想有机会跟朱镇老师说,虽然我最终没有成为战地记者,但是我的媒体梦实现了。

我出生在上海,本硕也都在复旦,毕业后第一份工作就去了北京,后来创业就扎根在了北京,很多人都觉得很不可思议,因为太少上海姑娘做这样的选择了。但是我丝毫不觉得这有什么不可以的。是实验的环境让我从小就敢于相信,心有多大,世界就有多大。

> **学生视角** 未来愿景

我是一个创业者,也是一个媒体从业者。"清单"创办 7 年多,我觉得从财务意义上来看,它已经是一个小而美的公司了,每天我们都有文章超过 10 万的浏览量,最爆款的视频有 3 000 多万播放量,从传统媒体的意义上来说,都已经是非常可观的"发行量"了。但从社会价值意义上来看,或许它还不是一个"伟大"的公司,而且还有很长的路要走。

不管是否通过"清单"这个载体,我都希望未来我所热衷的事业能够在更深远的层面去影响人们,不仅仅是消费决策;能够真正改变一些人的生活方式,让更多人幸福,不仅仅是通过买买买;能带给这个世界更多美好的东西,不仅仅是短平快的阅读体验。

第6位 | 2005届 范梅清

学生简介

范梅清同学在1995年进入田林校区小学部,2005年高中毕业。在校期间,她担任团委副书记。她以全校文科第一名的成绩进入复旦大学经济学系。复旦毕业后,她在北京壳牌公司从事供应链管理工作3年。23岁时到美国杜克大学读MBA(工商管理硕士),毕业后生活在美国芝加哥,在PwC(普华永道)从事管理咨询工作,负责工业、能源和消费品行业的战略和运营项目,目前担任总监。

老师视角 老师眼中的你

范梅清在初中期间展现出了卓越的才能和领导能力,我记得她当时在学校里担任着重要职务——大队长。她学习成绩名列前茅,不仅自己勤奋学习,还帮助其他同学解决学习问题。她对各科知识有很强的掌握能力,每次考试都能取得优异成绩。她的学习态度认真,刻苦努力,经常利用课余时间进行复习和提高。

此外,她还参加了一些特长课程,如古筝和话剧。在古筝方面,她从小学就开始学习,并迅速展现出出色的技艺。她的演奏技巧娴熟,音乐表现力出色。当时田林校区小学和初中是在一起的,她经常参加学校的民乐团演出。在话剧方面,当时田林的指导老师非常厉害,每次带团出去比赛都会获奖。通过这些活动,范梅清锻炼了自己的表演能力,培养了自信心和舞台表现力。

除了课内学习和特长培养,范梅清还积极参与集体活动。她曾与队友一起参加集体诗朗诵演出,展示了出色的口头表达能力和团队合作精神。她在班级组织中也发挥了重要作用。她善于与人沟通,具备良好的口才和应变能力,是一位优秀的主持人。在各种重要的学校活动中,她经常担任主持人,总能自如地掌控整个场面,为活动注入了生机和活力。

她在初中时的优秀经历成了她未来发展道路上宝贵的财富,她的努力和成就为她未来的发展奠定了坚实的基础。后来,这个班七年级毕业后去了浦东校区,我还是留在了田林。这个班里有一批优秀的学生,包括范梅清同学,在高中阶段表现非常出色,一直为许多老师称赞。

——姚谨老师

学生视角　你眼中的"实验"

我对实验印象最深刻的是艺术类教育给我带来的审美能力。小学里,我在学校学习了古筝和话剧,参与了民乐团演出和集体诗朗诵演出。在美术课上,王老师带我们学习世界艺术史和名作,使我对印象派产生了兴趣。学校还组织我们多次访问上海博物馆,每次学习一个主题,看一个馆,使我对青铜器等馆藏品有了深入的了解,并使我在复旦进一步学习了一系列考古学课程。现在,不管是在周边城市还是在世界各地旅游,我都会参观当地的博物馆、美术馆,这让我回想起小学课堂上老师对名作和艺术家的介绍,我也给我的同行者介绍这些作品。

在高中时,我有机会参与创立了戏剧社,并且自己撰写剧本、主演话剧。现在虽然没有机会参与戏剧的创作,但我依然热衷于欣赏表演艺术,经常去看话剧、音乐剧和歌剧。我想这应该归功于实验的美育播下的种子吧。多年以后,虽然早已不会做数学证明题,但当初审美能力的提高会影响我一生。

学生视角　未来愿景

我喜欢尝试接触不同行业的客户和不同类型的项目,也通过在咨询行业工作的八年学到了很多,提高了各方面的能力。但是我的性格可能并不适合在咨询行业长期发展。未来我计划离开咨询行业,进入美国科技公司或制造业公司从事运营管理工作,为公司带来影响力,最终可以领导一个业务线。同时,我也希望可以发展更多的亚裔进入管理层。

第7位 | 2007届 盛 成

学生简介

盛成,2001年9月进校(中一),2007年6月毕业(高三)。

在校期间,担任校少先队大队长(初中)、校学生会体育部部长(高中),参与组织各类校园学生活动(文艺节、体育节、运动会等),曾获上海市"三好学生"(中三)荣誉称号。

市实验毕业后,就读于复旦大学国际金融系金融学专业,并前往荷兰格罗宁根大学攻读国际经济与商务专业;2011年取得双学士学位后,前往纽约大学攻读经济学硕士学位;2013年毕业后,回国参加工作,曾任中信建投证券投资银行部高级副总裁、保荐代表人,国药资本执行投资副总裁,现任嘉御资本资本市场总监。

老师视角 老师眼中的你

如果要问我在教学生涯中哪位学生给我留下的印象最深刻,那答案毫无疑问:2007届高三(5)班的盛成同学。我是他高中3年的班主任,任教英语学科。他从初中直升高中,给我的初始印象就是一个阳光大男孩,高个子、开朗、爱笑、热爱体育,是学生会体育部部长。他总是忙忙碌碌,始终充满活力。

高中3年的学习生活其实是充满挑战的,盛成所在的班级是年级中唯一的理科班,班中学习高手如云,竞争非常激烈。在这样的学习氛围中,盛成身上的几个闪光点让他如此与众不同,对他后来的学业和事业的发展起到了很好的作用。

首先,他热爱学习,不拘泥于分数。在学习上始终有一种探究精神,敢于质疑,敢于求真,从不因为分数的高低而骄傲或气馁。非常重视知识的积累,喜欢阅读,善于独立思考,经常会与老师同学探讨问题,十分注重自身综合素质的养成。

同时，他身上又有一种坚忍不拔的精神。无论在学习上还是工作中，碰到困难总能迎难而上，从不轻言放弃。常就一些问题和老师交流，充分体现了他是一个乐于、善于反思的学生，只为做更好的自己，更好的决定。

最后，也是最重要的一点就是他有一种无私的奉献精神，即使在学业最繁忙的时候，他还是会对学生会工作、班级工作全心投入，不求回报。

写了这么多，我忽然发现以下才是对他最恰当全面的评价：

尊师重道，待人诚恳；
行事稳妥，乐于助人；
团结友爱，懂得感恩；
积极上进，心胸宽广；
淡泊名利，表里如一。

——王晓永老师

学生视角　你眼中的"实验"

在学业方面，市实验有三点让我印象深刻。

首先是不断攀登、不放弃的正能量。对于十几岁的中学生而言，老师们的肯定是最好的正向反馈，对长大后的性格影响巨大。市实验的老师们从不吝啬鼓励和表扬，推动我们鼓足勇气、大胆尝试、不断攀登、认真面对、展现最好的自己，一切皆有可能。我在高三的成绩并不十分出挑，但也在老师们的鼓励下，积极尝试各所大学的自主招生，最终被复旦大学提前批录取。在市实验的6年也让我形成了乐观积极、勇于攀登的处事态度，对我日后的工作帮助很大。

其次是老师们不要求死记硬背，而是注重于培养语境，在日常学习中积累知识和写作技巧，比如鼓励我们天天读报 *China Daily*，积累生词词汇，逐渐做到通读报纸内容；又比如鼓励我们摘抄语文优秀作文中的好词好句，学习其巧思，结合自己的生活经历举一反三培养自己的写作能力，而非通篇背诵、生搬硬套。

最后是老师们非常注重培养学习氛围，让我们形成自驱力，轻松掌握知识点。老师们会把知识点拆开，深入浅出，力求用一道例题说明白一个知识点或解题技巧，不要求反复做题做无用功；老师们也会编一些容易记的口诀，让同学们不觉得枯燥且在攻克难题后获得成就感，调动了学习积极性。

在学生工作方面，市实验的校领导和指导老师们充分支持并给予重要建议，给我们提供了充分发挥的空间。在老师和同学们的很多指导和帮助下，我参与组织了各类校园学生活动以及高三毕业典礼（活动组织全程由高三学生干部主导，我是导演）。这拓宽了我们的视野，培养了良好的人际沟通和组织协调能力，为日后的工作和生活奠定了良好基础。

学生视角　未来愿景

我现在的工作充满挑战但也很有意义，我也充满热情。我希望在不远的将来能不断攀登，充分发挥自身的专业能力，在股权投资领域成为投后赋能、资本运作的标杆和专家。

第8位 | 2010届 章心旖

学生简介

- 2004—2010年　在上实完成初中和高中学业。
- 2010—2015年　在香港大学完成本科学业（其中2012年在美国加州圣塔芭芭拉大学交流一学期；2014年在美国耶鲁大学交流一年，是香港大学当年仅有的3名耶鲁大学交流生之一；2015年作为香港大学前5%的荣誉毕业生毕业）。
- 2015—2016年　同时获得英国剑桥大学和牛津大学，以及美国哈佛大学的研究生录取通知书，最后在哈佛大学获得硕士学位。
- 2016—2018年　在美国教育咨询公司工作。
- 2018年至今　　在美国马里兰大学读博，任马里兰大学学生会主席（是建校以来第一个华人主席），哈佛教育学院中国校友会创始人，现任会长。

老师视角　老师眼中的你

输在起跑线上的马拉松选手

和很多在刚起跑就遥遥领先的孩子不同，我的孩子章心旖，在起跑线上就输了。

她出生才45天时，因腹泻发热抽搐而被下过病危通知。因医生说过她的大脑可能受损伤，我和她爸爸一直提心吊胆，担心她处处跟不上别人，但又不敢对她提太高要求，只求健健康康就好。她小时候很晚才会走路，但会走了，就不大愿意大人抱她，爬华山的鲫鱼背都要自己爬。幼儿园的时候，我和她爸爸教她10以内的加减法，她不一定掌握得很快，但是她会追问100以内的加减法是怎么做的，不断在她喜欢的玩具"咪咪数学宝"上练习,然后越做越快。幼儿园快结束的时候,我惊喜地发现她会做1 000以内的加减法了,问她:"这是谁教你的?"她眨巴眨巴眼睛,指了指她的"咪咪数学宝",原来是她学会了100以内加减法的原理之后,通过在玩具上反复试错,自己琢磨出来的。由此我发现,她对爱玩的东西不轻易放手,喜欢自己钻进去研究。

她就读的幼儿园很普通,进小学前拼音、英语等什么都没学过,这一下子就和班里的其他同学拉开了差距。我印象最深的一次是她一年级时,因为语文拼音测验考了班里倒数第一,老师还把我叫去学校。我身为教师,有不少把家长叫到学校的经历,但是轮到自己,说实话,这作为差生家长被叫去学校的滋味还真是不好受。回家的路上,我一直在想怎么帮她解决拼音这个难题,考了倒数第一,她心里一定比我还难受。我根据她玩玩具学数学加减法的经验,想找一点既和拼音有关,又会让她觉得好玩的事情。我突然想到她喜欢讲故事,就买了有配套磁带的带拼音的读本,让她先听磁带,然后讲给我们听。她每天晚上很认真地听和讲,很开心地不断练习,慢慢地拼音就过关了。

小学毕业,她很勉强地考进了实验学校。夏令营时,她什么奖都没拿到。我们告诉她,实验强手如林,努力跟上就好。因为有小学的"黑历史",她心态很好,也很努力。到期中考时,没参加过补课的她,已达到年级中等水平了。可好景不长,在中二函数的第一次单元考时,班级平均86分,她却只考了62。我和她爸爸都是数学老师,问她哪里不懂,她说她不明白 x 和 y 为什么会变来变去,原来是函数概念的理解上出现了障碍。所以我们就从不同角度,用各种方法,帮助她重新认识函数这个概念。那个晚上,我们三个人讨论得很晚,她越来越兴奋,不停地说"原来是这样啊!""那可不可以这样呢?"出乎意料地,她竟然喜欢上了函数,到高中,还喜欢上了特殊的函数——数列。函数和数列都是高考压轴题的考点,这为她高考数学142分打下了坚实的基础。她的这种学习状态在其他学科上也有体现,我记得初中英语俞老师曾说过:"她很有韧劲,一两次失败根本打不垮她,她总是在眼看快撑不住的时候又笑容灿烂地站起来了!"

在一次一次摔倒又站起来的过程中,她善于总结原因,理性分析解决办法,总是想办法提高学习效率。她说:"学得快了之后就能有时间做些更有趣的事了。"她积极参加志愿者活动,走入特殊学校,和特殊孩子一起玩一起学。她参加方圆理学社团,跟着高中大哥哥大姐姐们一起卖理学杂志。她说能把理科知识和生活联系起来真的很好玩,编成杂志和同学们一起看就更好玩了!后来担任了社长,还带领全社获得了浦东新区优秀社团的荣誉。

在高中理科班里,有了对自己"学习慢热型"的理解,她很好地掌握着学习的节奏,成绩一直保持在年级前列,直到高三决定"+1"科目选择历史时才重遇障碍。在高一高二时把理化当主课,而没有花精力在历史上的她,和其他从很早开始就决定读文科的同学相比,史实记忆上相差了一大截。她曾羡慕其他学历史的同学,一会儿就能背出一大段,而她一小段也需要花很长时间。但是她虽然慢,却注意方法和理解。她把大段的史实化整为零,运用数学数形结合的办法,记住事件发生的顺序。我觉得她的记忆像在花岗岩上刻字,刻上去不易,但一旦刻上便经久不褪。资深历史老师罗老师在复习阶段,经常有整理好的板书供学生们参考,很多同学能把老师整理好的内容背得滚瓜烂熟。我的女儿虽然不像有些记忆力非常好的同学那样背得一字不差,但她愿意花时间,重新用另一种和老师不一样的思路整理一遍知识点,然后与罗老师的进行比较。她整理出来的资料,很多同学都觉得很有用,她非常慷慨地让需要的同学去复印她的笔记。她说,每一次换一种思路的总结,总能让自己提升,她找到了自己喜欢和擅长的学习历史的方法。她虽然不具备学好历史很重要的机械记忆能力,但凭着鲜明的历史观点和清晰的富有逻辑性的答题,照样在高考历史中取得高分,为考进香港大学奠定了基础。历史带给她思考事件的多维度的思维方法,她觉得很是受用,就连高三担任毕业典礼学生导演的时候都用到了。她跟我说,一台好的演出,和历史上兴盛的王朝是一样的,一定有冲突、有起伏,在关键时刻能够高潮迭起。她顺着这个思路和同学们一起策划节目,果然毕业典礼当天掌声迭起。当时任高中部副主任的袁老师评价道:"有欢笑,也有泪水,这场毕业典礼的层次是丰富的!"

进入大学后,在学业上她就再也不用我们操心了,她找到了自己喜欢的专业——心理学。因为喜欢,她在学习上不需要花太多时间,就把精力花在课外活动上。她参加香港渣打半程马拉松;她挤出复习周的时间参与河南栾川助学活动;她积极推进大陆同学和香港同学的互相理解,在校园内勇于表达大陆学生的诉求,增进本地学生和国际学生的互动。因为成绩优异、课外活动突出,她代表香港大学赴美国耶鲁大学交流访问一年。

在美国的这一年,她在积极情绪和精神病理学实验室做研究助手。研究导师这样评价她:"心旖是我在耶鲁见过的,在知识上最有好奇心和创造力,在思想上最具开放精神并敢于冒险的学生之一。"除了学习,她在美国的这一年,跑遍纽约、纽黑文、华盛顿,致力于通过摄影和街头艺术,超越语言地去表达人与人之间的共通之处,作品几次入选学生作品展览。离开耶鲁后,导师强烈推荐她报考研究生院,她没有辜负老师的期望,同时拿到了牛津、剑桥和哈佛的研究生院录取通知书,最终选择了哈佛。现在还在马里兰大学读博的她,还担任哈佛教育学院中国校友会会长,致力于在教育方面"联以至学,学以至变"。2022年3月12日,她带领哈佛校友会的小伙伴们,精心策划并主持的"2022哈佛教育人线上教育脑洞大会"圆满落幕,全球观看人数近六千。大会上,一线的教育工作者、学生、家长和各行各业关注、实践教育的嘉宾(包括一土教育联合创始人、前麦肯锡全球合伙人李一诺,《奇葩说》辩手詹青云和庞颖,心理学家李松蔚,科幻作家郝景芳等)一起大开脑洞,畅想教育的多种可能性。

从幼儿园到大学,作为家长,更作为一位有30年教龄的教育工作者,很欣慰地看到:她像一位马拉松选手,虽然起跑时比别人慢,但从没放弃前行。她在实验"护长容短"的教育理念的呵护下,慢慢摸索出了自己的学习方法,在学习中感到了快乐,并不断地将"学习"的概念广义化——课本是学习,生活也是学习;老师值得学习,身边的每一个人也都值得尊重和学习。我更骄傲她时刻感恩实验,感恩教过她的老师们,并把这份感恩转化成行动,主动分享学习的快乐给周围甚至世界各地各种各样的人。

——章心旖的妈妈:钟　群(上海市实验学校老师)

学生视角　你眼中的"实验"

1005 年的一个梦

我喜欢睡懒觉。1005 年的一天,我决定睡一个长长的四年的懒觉。平时缺觉太多,逮着一个补觉的机会,一下就睡着了。

恍惚之间,远远看到一个着紫色长裙的女子走来,眉宇间有一股仙气。等走近了,看清了那长裙上的紫是鸢尾花上的那种紫,紫里略透出一丝蓝,蓝上还有点点的小花儿,甚是可爱。

我:"仙女你好,我是 Xinyi。怎么称呼你?"

仙女:"我姓圆,水面清圆的圆。我不是仙女,是这仙境里的语文老师。"

我:"语文老师?语文是什么?"(忘记了语文是什么的我,很显然,真的是在梦里。)

圆老师:"语文,是生活的外延。"

我似懂非懂，便也把这句子记在了心里。

圆老师也料到我并不完全理解，便说，"这是仙境的地图，你拿着。好好在这里玩儿吧，一边玩，一边感受，你自会慢慢理解。我要去河对岸的教室给学生们上课了。"说罢，她便上了一艘荷叶边的小船，朝河的深处驶去。

我往前走，听到巨大的水声，只见眼前的瀑布分三层倾泻下来，每一层都构筑成一个新的面，呈现出非常立体的视觉效果。再细听，这声音原来不是水声，是瀑布投影的纪录片的声音。每一个面上分别在播放《大师》纪录片的其中三集，讲述大师陈寅恪、丰子恺、蔡元培的故事。我坐在一块石头上，静静地看，石头旁边有一株小草，小草上面有瀑布落下的水珠。这时，风风火火跑来一个和我一般大的学生，她一头短发很是清爽，穿着灰色的衣服。

穿灰色衣服的同学拍拍我的肩膀："同学，你是几年级的啊？要不要看看我们方圆理学社的杂志？"

我："我是新来的。方圆理学社是什么？"

穿灰色衣服的同学："方圆理学社是这儿的社团。方圆取自天圆地方，寓意运动与静止的平衡。这本杂志里都是些数理化知识在生活中的应用，是同学们自己创办的杂志。你是新来的，就送你一本吧。"

我被她的热情好客所感染，好奇地打开这本杂志，一下子一串等差数列争先恐后地跑了出来，我忍不住摸了摸这些数字，很有金属质感，想捏住一个数字和另一个数字调换位置，这两个数字却死活不让我调换，非要按这个顺序往前跑。眼看着跑出来的数字越来越多永无止境，我赶忙往下翻一页，又看见一个会变色的试管，从红色变到紫色又变到蓝色，真有意思。这本杂志好似一个魔术，关上的时候只有薄薄几页，但打开后每一页都是一个新的世界。我还从未见过这样的书，赶快放进书包，想着要带回去给我自己的同学炫耀一下。

我："同学啊，你现在不用上课吗？"

同学："要上，但是我上的是特需课程。一个班里只有我一个人，课程也是灵活设置，按照我的需求来上。"

我很难想象，一个班只有一个学生的课是怎么上的？她又怎么知道自己需要上什么课呢？

同学一眼就看穿了我的困惑，眨了眨眼睛，说："你想不通吧。其实一开始我也不敢相信这是可能的。但后来我发现，当我有目标想要探索知识的时候，没有什么可以拦得住我。仙境里的老师都会很支持我,乐意解答我的问题,并且向我提出新的问题,但最终只有我们自己知道我们想学什么,又想走什么路。"

同学一边说,一边也还在思考。她说完后,顿了顿,恢复到了之前那种热情的状态,问我:"你接下去想去哪儿啊,我给你带路。"

我拿出圆老师先前给我的地图,发现来时的地图,和现在手里的地图已经不一样了。我原本想走的路已经不见了,又得找新的路。

我正想着这儿的人和事真是怪哉、妙哉,一下醒了。醒来,是 1008 年。

学生视角　未来愿景

离开母校后,我在哈佛教育学院攻读教育和心理学硕士,并且在教育行业工作了三年,现在在美国马里兰大学读博。在研究生和博士生的课堂上,我经常读到世界各地优秀的教育案例,这让我忍不住时常反思自己接受到的中学教育和中国教育现阶段的发展情况。回望在实验的点点滴滴,我无比骄傲实验学校的理念,以学生为中心,关注学生个性发展,注重全面培养学生的兴趣、情趣和志趣。这在中国、在世界的教育舞台上都是很领先的。

还在实验读书的时候,我体会到的是实验课程设计、课外活动等方面的精致细节。离开实验,和实验的日常脱离开来之后,我更多地学会从一个大局的角度去思考初中 3 年的学制到底给我这个微小的个体带来了什么影响。其中对我影响最为深远的,主要有两点:

一、她告诉我,没有什么事情就一定是"该"这样的。在全上海的初中都读四年的时候,初中就该读四年吗?不一定,我的学校初中只要读三年。那压缩了时间,课程更紧张,课外活动、兴趣培养就该放一边了吧?不一定,我们非但没有放一边,反倒还有专门的课程去帮助学生探索个性爱好。语文和数学用学校自己编写的教材去更高效地完成学术内容,以腾出时间让学生追求自己喜欢的事情。这一点对我日常学习工作很有帮助,当周边的人都齐刷刷地认为这事一定该这样做的时候,我总是先试着对自己说一个"不一定",然后带领团队独辟蹊径,节约时间,提高效率,这样经常还有多余的时间玩耍!

二、她教会我,在教育上,要学会理解不同,而不是比较好坏。毕业后,经常会有很多焦虑的年轻家长问我,实验学校好不好?实验学校和上外(上海外国语大学附属外国语学校)比起来哪个好？一个"好不好"，一个"哪个好"常把我问得不知如何作答。我每次都笑笑，"你问我哪个好，我肯定说实验好嘛！"然后一脸严肃地继续说，"两所学校都是好学校，是不同的学校，各有各的特色，看你想把孩子培养成什么样。"在十分理解家长心情的同时，我也时常提醒自己，在教育上，切忌用一个简单的"好不好"去评价。作为教育工作者，我现在思考的是，怎么去挖掘每一个孩子身上的特色和他不同于其他个体的地方，而不是简单粗暴地去归类"好孩子"和"坏孩子"。

　　我从小就能获得良好的教育是自己的一份幸运，希望自己学到的知识能用来服务更多因为各种原因没有那么幸运的人。

　　我在上实度过6年，她对我的影响是极其深远的。所谓影响深远，是离开母校6年后仍时时念起。所谓影响深远，是念念不忘，走到哪里，都必有回响。

第9位 | 2011届 赵鹭天

学生简介

2006年进入实验初中部，2011年实验高中部毕业，2015年上海交通大学致远学院数学方向毕业，直博美国伊利诺伊大学数学系，2021年博士毕业。现为美国马里兰大学数学系博士后。

2011年，上海市高考数学第一名，理科数学150分。

老师视角　老师眼中的你

他首先是数学天才，基本不用草稿纸；

写的字如同刀刻出来，工工整整的正方形；

他画的班级电灯图谱，是到现在为止我看到的最清晰的。

我第一次监考他数学时惊呆了，他似乎是在空气中和自己的大脑对话，我就看见他似翻眼又似凝神状，一个题目就工工整整地书写下来了。考完后我问他为什么考试翻眼向上看，他说在空气中打草稿；我继续问怎么在空气中打草稿，他说似乎眼前有草稿纸，自己演算的似乎能看到几个步骤（大概类似头脑里围棋步数往后想几步）。其实我多年教的班级都是实验学校最好的班级，此中看到的数学优秀的学生太多了，但是这是唯一一个让我叹为观止的。那几年大家都很迷恋金庸的武打小说，我觉得他的这种思维方式简直就是周伯通的"二心博弈术"。

又想到我高一家访时，他妈妈告诉我一个故事，我觉得恰说明也许"天才确实天赋异禀"：孩子曾经的学校在母亲单位的隔壁，于是每天中午他都到妈妈办公室，要求做1—2个小题目，他说"挺好玩的"，于是这个习惯延续了将近两年。这两年中他每天中午急匆匆冲到妈妈办公室就为了做好玩的题目，妈妈实在没办法，只好买有答案的数学书，每天要抄好题目给他，没多久，妈妈就受不了了，于是他就自己抄题自己"玩"。

我做了他3年班主任,感受到了这个学生的与众不同(理科生的丰厚文化底蕴)。

高一:他思考"什么东西最有魅力?"

他写道,无非是两样东西,物质财富与精神财富,而文化正好是两者的结合体——人类在社会发展中创造的物质财富与精神财富总和。也许字典上的解释太过专家化,有些深奥费解。文化的魅力体现在何处呢?(他做了专门的研究)

高二:他思考"法的意义"。

他写道,"法律"一词最早出现在《社会契约论》中,法律是社会的契约,人们存在于这个社会,是因为社会需要一种力量维持正义打击邪恶,于是法就诞生了。

高三:他思考"爱与美的问题"。

他写道,有的人喜欢波澜壮阔的美,有的人喜欢新潮时尚的美,而我,更愿意品味那点滴爱中透出的美。因为波澜壮阔终将离去,新潮时尚必将不再。关注生活中那点滴小事汇集成的美的长河,就如那苹果,波澜不惊,却又能滋润我的心田。那时的我,还在被人爱,因为我是"我"的状态。而现在的我,已经懂得创造爱,欣赏爱的美丽与魅力,欣赏那生活中,如珍珠般串起的爱。——爱是美的,毋庸置疑,而真正的美中必然有爱。

他顺手参加了古诗文大奖赛,拿了浦东一等奖、上海二等奖;作文拿了上海一等奖。

另外,高三月考,他基本都是年级第一或者第二。

其实,他参加古诗文比赛,真的可能是记性好,古文基本过目不忘,但是参加作文竞赛,他可是从痛苦到幸福的。高中前两年,我一直批评他的作文模式是"因为——所以——故而——佐证——回到所以——结论",毫无文采可言。次数多了,我就建议他看书。对《红楼梦》这样的长篇章回体他实在没兴趣,于是我建议他边学英语边看世界名著。从高二下的《社会契约论》开始,他突然对阅读有了醍醐灌顶般的热爱;在最忙的高三,他读了很多书,包括"飞雪连天射白鹿,笑书神侠倚碧鸳",又读了《红楼梦》,这才有了作文竞赛的开花。在现实的高考面前,有的时候阅读确实比不上刷数学、物理、英语题得分迅速。然而教书20余年后我才发现高三学生沉浸于阅读,是因为思想成熟了,有了些许的人生上上下下的体会,这才是最好的读书时光,无论是哪类学生,这都是他们释放自我、沉浸思考、开阔视野、成长自我的高中岁月中真正的成长。

所以,我坚决反对理工科学生人文学科差的说法,那种把学生分为智商类和情商类的老师,多数还是没有引导学生圆融自洽地去涉猎人文。

——朱琳老师

学生视角 你眼中的"实验"

有人说"陪伴是最长情的告白",那上海市实验学校无疑拥有我人生中最多情的一段时光。实验学校老师们的陪伴,润物细无声的教育,促进了我的成长。随着时间的流逝,高中的知识已然从我记忆中逐渐消退,而心灵的成长却无法被时间所磨灭。尽管之后的日子我经历了许多:刚入本科的困惑,初至美国的彷徨,博士毕业前的焦虑,疫情侵袭时的忐忑,林林总总大大小小的困难接踵而至。实验学校的成长经历,让我能以更加从容的心态面对这些问题。回想起当初青葱岁月,在莞尔一笑的同时也不由得平添一份坚定。

陪伴不是说教

记得还是初中的时候,家里给我买了一块新手表。时值上海的夏天,阳光与闷热的天气让我在语文课上昏昏欲睡,调皮如我便开始了光的艺术。阳光在手表的反射下,一会儿如星星点灯,碎成光点散落在天花板上;一会儿如白虹贯日,凝聚成光斑打在矿泉水瓶中;一会儿在同学后背画了朵花;一会儿又帮教室黑板画了重点……语文老师廖老师悄悄地走到我身边,不动声色地没收了我的快乐之源。但是之后的事却让我始料未及:她把我的手表还给了我,并没有对我进行长篇的说教,而是让我自己看看反射的光的样子,这时候才知道我的光的艺术,对眼睛有多大的刺激。在得到我不再在课上做这样危险举动的保证后,她也关心我对语文课本身的兴趣。在得知我背诵过很多古诗时,她鼓励我对更多课外的古诗词进行学习。这打开了我语文学习的一扇窗。我的现代文理解虽然难以进步,但是我的古文水平却在班上名列前茅。虽然当时不太了解,但是"因材施教"的理念却深深印在了我的心中。这就是廖老师对我的陪伴吧,没有高高在上的说教,没有否定,没有对我说"为你好,你该如何如何",而是静下心以朋友的态度倾听我的故事。这种潜移默化的理念输送正是我所追求的。现在在我的教学过程中,我希望自己与学生的交流是探讨而非灌输,是互动而非单方面的论述,这就是实验的初中生涯教给我最好的一课。

最让我记忆深刻的另一件事,是实验老师对于才能的发掘。尽管我已经忘记了当时老师的名字,但是她(经查,朱卫老师)却在我稚嫩的心中埋下了种子:还记得当时的美术课上,我给另一位同学画了一幅素描。尽管我没有特意学过绘画,但是我还是凭借着自己的一份热忱,尽力还原了同学的每一个细节。画完之后老师却神神秘秘地让我上交这幅画。转眼间我便忘了这件事。然而过了两个月,老师却告诉我,我的那幅画获得了浦东新区初中绘画比赛的一等奖。她极力鼓励我继续作画,并且细心教给我她所知道的每一个技巧。可惜初中的我并没有珍惜老师的倾囊相授,心思早已飘到了别的地方。时过境迁,现在的我不禁设想:"如果我走上绘画的道路会如何?"实验的老师无疑给过我这样的机遇,她耐心陪伴与探讨,才能发现连我自己也意想不到的才能。

初中的记忆只保留了当时的欢笑,剩下的已然模糊不清。然而我依稀记得自己高中仍然保有对光学实验以及古诗文的极大兴趣,家中添置了一部小望远镜以及《全唐诗》,摆弄望远镜,以及随便打开一页全唐诗,或者随意在纸上勾勒两笔,这些俨然成了我当时的乐事。旅居海外之时,偶尔看到新闻里引用的诗词语句,真如李白所形容的"此夜曲中闻折柳,何人不起故园情"了。

步入高中以后,老师也更加"平易近人"了,大胆的学生们经常以昵称来称呼老师。比如"肖哥"担任我们的数学老师,"辉哥"负责物理教学,"明姐"是 English Teacher,以及语文老师"木木"——她可能不满足于我们起的没营养的昵称,而是另辟炉灶,尽显语文功底。我所拥有的关于他们的记忆不少,但还是可以用"陪伴"二字来概括。他们的课程展现了这两个字的方方面面,所谓"弱水三千,只取一瓢饮",最深刻的记忆中有这么几件事。

高中伊始,我却遭遇了实验生涯中最大的"滑铁卢"。高中的摸底考试下来,我位居全班倒数。就是之前最引以为傲的数学成绩也一落千丈:我得了 99 分,可惜满分不是 100 分,而是 150 分。这"得益"于我对摸底考的不重视,也是当时我心态不稳定的一种体现。小学到初中以来一切都是顺风顺水,对于这次摸底考我也是不放在心上。在摸底考后的家长会上,我原本以为老师都对我失望了,但是老妈却告诉我老师的态度:他们并不会放弃学生,相反他们还会发掘学生的兴趣以及爱好并加以鼓励。这可能就是一代代的"实验精神"吧!实验出学生的长处并加以引导。身为"差生"的我并没有被"放弃",我的记忆中还留存着高中老师陪伴的酸甜苦辣。

陪伴不是看管

在经历滑铁卢的反思后,数学课与物理课我又变得得心应手起来。高中的数学知识已经无法满足我的乐趣。在互联网兴起之前,上海书城的五楼是我每周必去之地。在那里有着最齐全的理科书籍,从基础的高等数学到更高级的研究生数学比如拓扑群、李群,从科普读物到物理大师经典之作……大部分数学证明我仍然懵懵懂懂,但是我却能假装提炼出自己的"见解"。于是这些书本便成了我阅读以及炫耀自己博学的利器。当时的我渴望被认可,渴望展现自己的"与众不同",而能够"读懂"高等数学便是我最能彰显自己存在的一点。

在课余我带着自己厚厚的一沓草稿纸,上面密密麻麻的有我自己的计算,有的是对书后习题的计算,有的是对书上问题的抄写,有的干脆就是毫无意义的符号堆砌。现在看来,当时的我完完全全是一个"标题党",似乎懂了但是又完全没懂。假如现在的我问当时的我一个问题,当时的我一定能够长篇大论地回答,但是回答却能令专业人士感到啼笑皆非。别的数学高手钻研竞赛,而我却无法快速解决竞赛问题。可能这就是我当时的可爱之处,普通的问题我往往想用困难的知识解决,比如导数、拉格朗日插值;但是真正困难的问题我却视而不见。"肖哥"似乎发现了我的问题,一次课堂上,他请我去解决一个关于函数的极限问题。自信满满的我三下五除二解决了,然而答案揭晓后我却傻眼了:我忘记了一个重要的步骤,以及一个条件。我在解决问题时经常只需模仿书上的例子便能轻松应对。然而,现实生活中的问题往往没有现成的例子供参考。实际上,能够找到一个可行的解决方案本身就是一项成就。肖老师并没有批评我的眼高手低,而是鼓励我继续研究类似的问题,从而不犯同样的错误。

如果"肖哥"并不是鼓励我自我发现,而是告诉我这里不用研究,那里的知识考试没用,没有拓展我独立成长的空间,那么今天的我绝对不会走上数学研究的道路。也许这样的教育对于老师来说更加轻松:学生的精力没有花在对考试"没用"的知识上。但是这却是对学生的限制与看管。而我得益于这一针见血的提醒,在如今的当下仍然会不断警醒自己:"我是否眼高手低?我是否能够在有限的时间里完成我所期望的目标?"

陪伴不是物质满足

得益于大学物理所需数学知识极多,而我当时对数学一知半解,大学物理并没有遭受我的"毒手"。而"辉哥"教授的物理知识就成了我的全部储备。在计算方面我可以纵横捭阖,而在实验方面我却是磕磕碰碰、跌跌撞撞。在我记忆最深处仍然有那么一节物理课:我们需要测量压缩空气的气压。而实验学校正好新引进了一批仪器。于是好奇的我立刻开始测量仪器的极限。在快速做完所需的数据之后,我快速跳跃压向注射器,希望能够把空气压缩到极致。只听一声巨响,空气压缩确实在一瞬间达到了很高的读数,然而在此之后注射器却断成了两截。"辉哥"立马飞身前来检查我的情况,发现我并没有受伤后松了口气,然后再去检测仪器的问题。幸运的是,只有最基本的注射器被我弄坏了,仪器本身还是安然无恙。

在我以为会被严厉谴责的时候,"辉哥"却只是让我再次回顾物理实验的规则:严格的操作流程并不是对想象力的限制,相反它是对我们自身安全的保护。寻求新的知识,有新的想法并加以实施固然有趣,但是前提条件是我们能够保护好自己,保护好自身的财产。

尽管提供充足的物质资源和齐全的实验设备很重要,但更关键的是得教会孩子如何正确和规范地使用这些资源,这是学校教育和家庭教育中不可或缺的一部分。尽管我提出想赔偿注射器的损失,"辉哥"却自掏腰包帮我赔了,并表示要吸取这次实验的教训。我这第一次也是唯一一次实验事故,并不像电视里的实验事故一样刻骨铭心,但是它对我的教育效果却远超电视里乃至之后专门进行的实验室安全教育。

陪伴不是陪同

英语是我高中进步最快的一门学科,得益于"明姐"的陪伴。高中三年我的英语可谓是跌宕起伏。从进高中之时,小测验只拿了60%的分数到高考拿到85%的分数,英语的成长同样得益于"明姐"的慧眼。背单词,教语法,这是一般英语老师教课的流程,但是对我来说一直不是很有用。当我记住了单词却无法记住语法,而语法学会了又很难活学活用。学习英语并没有给我太大的满足感,反而由于经常弄错而感到身心疲惫。于是"明姐"不知是不是听到了我内心的呼声,对全年级下达"悬赏令":能背诵马丁·路德金《我有个梦想》全文的有神秘大奖。

这也许正是我所缺失的一个契机:学习英语的动力。我想"与众不同",而这个大奖则满足了这一点。于是我拿出我的MP3并下载了演讲。正如听音乐一般,曲调听多了自己也会哼两句,演讲也是如此。不出大半个月我就大致明白了演讲如何读,而读完之后才是理解演讲真正的内容。这与一般学习英语的方法完全相反,而这可能正是适合我的一种学习方式。先学会读了再理解，先学会句子的规律再学语法。正如学习物理，先找到规律再总结规律，对我来说比直接学习规律更加有效率。这个悬赏帮我发现了适合自己的英语学习的方法。

陪伴不是一直站在身边然而心不在焉，而是能够真正发现，能够找到我所需要的方法。也许正常的教授英语的方法已经适用于大多数人，而一位老师能够满足大多数人的要求就可以了，然而"明姐"却能够用"悬赏"刺激我们，找到一小部分人学习的乐趣，那何尝不是一种对我外在表现的理解与诠释呢？最后我顺利背出了全文，拿到了"悬赏"，并得到了想要的关注。而"明姐"也找到了对帮助我理解问题更加有效的方法。

之后的托福以及GRE考试，乃至到美国后学习的口语，我仍然遵循着类似的方法，直至如今。

陪伴是对人最深刻的理解，并以此回馈

语文很不幸，仍然是我最难理解的学科，直至今日。

然而"木木"在知道我的古文水平后，又给我找到了一个新的目标——作文。但是同样得益于我对于"艰深知识"的渴求，我找到了一条出路——哲学。一瞬间我仿佛成了实验学校最高深莫测的"哲学家"。这些奇特的书籍教会了我许多奇特的语句，甚至让我觉得自己仿佛变成了"仙人"。而我和其他"理论丰富、实践匮乏"的人一样，常感"高不成低不就"。而"木木"的方法则截然不同，她的批改和指导，帮助我表达真正想说的话，自己真正理解的所谓"哲学"，以及给了我一些能够满足好奇心的书单。而最后学成归来的我，居然破天荒地获得了中学生作文大赛上海赛区的一等奖。

也许就是这样的陪伴，这样对我内心的理解，才能让老师发现我生活中的点点滴滴。我经历了高三下半年最难过的一段时光。时值自主招生考试，突然噩耗传来——爷爷溘然辞世。而我忙于考试而无法见他最后一面，与此同时，老妈必须离开去办理丧事，而我则只能承受准备考试的压力以及失去亲人的痛苦。那一天，"木木"找到我说，让老妈当家长代表进行发言。那时的我一下子就拒绝了。也许是"木木"发现了我的不对劲，也许是我红红的眼眶出卖了我，她连忙问起发生了什么事。当我如实相告之时她立刻询问是否需要帮忙，吃穿住行等等。在得知我自己做饭有点困难之时，她询问各个附近住的家长是否能够给我提供餐食。

很幸运的是，白荣静的妈妈伸出了援手。在她们的关怀之下，我度过了我高中最

艰难的一段时光。回想当初,深觉自己的幸运——有这么多陪伴关心我的人,我并不孤单。

陪伴,成长

本科两年的大学学习,让我明白了之前贻笑大方的"数学知识",更让我了解了"陪伴"这一行为本身的价值。在大学里,没有人敦促学习,没有大量考试检测功底,有的只有自觉对知识的追求。如果没有极大的兴趣或者极大的毅力,学习新知识能让人如坐针毡,抓耳挠腮。老师们不可能深入了解各个学生的需求与学习方法,一切的一切都只能靠自己领悟。回想当初,实验老师的陪伴弥显珍贵。恰逢实验邀请我回来分享我的经历,于是便欣然而往。虽然心里想说的有很多,但是凝练下来只有"兴趣"二字。老师能够陪伴一时,发现我们的亮点并加以鼓励,唯有兴趣才能够陪伴一生。这可能就是我在这一切的陪伴下所获得的成长吧!

每一个老师都有自己的教学方式,而每一个教学方式的目的都是发掘我的兴趣点,这就是他们的陪伴,也是我的成长。在当时的分享会上,我将我的兴趣分享给下一届实验人,希望他们能够了解兴趣的重要性。当时的分享在今天看来仍显稚嫩,而这种对兴趣的追求却是实验留给我的最宝贵之物。

学生视角　未来愿景

现在我的兴趣在于代数几何。这是一门纯理论学科,是将代数与几何结合产生的美妙之花。我们需要用几何的思维解决许多旷世未决的代数问题。行走在这条学术道路之上,我一直会听到这样的声音:"学这些有什么用?学了能赚大钱吗?"确实,在现实生活中这门学科是美妙而无用的,甚至她的美妙也只有少部分人能够欣赏。但这也让我想到了一个故事,在电磁学刚诞生的时刻,物理学家法拉第为当时的人们展示他的成果。但是人们只是把"能放电的玩意"看成街头艺人的奇技淫巧,并问道:"这些有什么用?"法拉第回答说:"刚出生的婴儿有什么用呢?"现在的 21 世纪,我们早已离不开由电磁学原理构架出的电子产品。也许这就是"无用"的乐趣,也许在将来的某一天,世界万物的规则也隐藏在这些数学当中,理解这些数学,欣赏这些美妙正是我希望未来的自己能够做到的事情。希望我能在这条学术的道路上继续前进。

虽然未来仍然未知,我依旧相信这条道路是光明的,我能够真正陪伴在爱我以及我爱之人的身边，做到我所期望的一切。

　　光阴荏苒，时光浩渺。如今高中、本科的生活已是往日云烟。而我在海外旅居已有 7 年之久，因为众所周知的疫情原因，我无法陪伴在家人身旁，现在真正陪伴身旁的，只有我的数学研究。也许这便是数学研究者的宿命吧！我想成为数学家，也许只能成为数学研究者，不论是什么都没有关系！可爱的数学定律深深地隐藏在艰难的理论之中，等待我去发现，去探索。

第 10 位   2012 届   张嘉匀

学生简介

张嘉匀，实验六年制学生，2006年进入实验初中部，2012年毕业，是当时为数不多能从平行班考入复旦的学生之一。她高二时参加读书节的话剧表演，在《雷雨》中饰演四凤一角，被评为"最佳女配角"，此后开始学习专业的话剧艺术课程。高三参加了复旦、交大、华师大等校举办的艺术特长生考试，并取得复旦和交大两校的一本线直录资格。2012年考取复旦大学自然科学实验班，2013年转入社会学专业。2017年又因艺术特长保研至新闻学院，在此期间专攻主持艺术，多次主持复旦大学校庆、大型晚会等。毕业后留在复旦大学党委宣传部，主要负责校园文化建设和精神文明建设。业余时间担任复旦大学主持人队的指导老师、上实校友会的副会长，每年5—6月负责复旦大学在实验的招生宣讲工作。现在复旦大学党委宣传部工作。

老师视角   老师眼中的你

由于成绩中等，张嘉匀一直无缘班长这样的职务，平时是班级里的小透明，艺术节却是她一展拳脚的地方。因为从小在少年宫学习很多艺术课程，高一的时候，她选择了艺术方面的拓展课程，授课老师是孟晓明老师。有一次课程作业是排演《歌舞青春》的一个片段，她主动向老师申请担任舞蹈编排："只要给我一个闪光点，我会给你一片舞台。"

2011年冬天，台北市市长邀请上海中学生赴台参观花卉博览会，张嘉匀也被选入其中，并主动申请参加朗诵节目。筛选朗诵组员的那天，她拿着朗诵稿坐在了会议室的第一排，并担任了领诵，在台湾中学生面前展示了实验学生的风采。在那之后，由于她的音色很好听，老师不止一次鼓励她，还给了她一次主持音乐晚会的机会——

那是她第一次主持活动,声音在颤抖,舌头在打架,有很多瑕疵,但还是得到了老师的表扬。多年后,她无数次地站在复旦大大小小的舞台,面对着数千名观众始终从容淡定,当时的坚持成就了她。

读高二那年的某个周五晚上,张嘉匀参加了当时话剧社团的表演训练。表演老师是上戏的毕业生,负责老师是张捷。训练后张捷老师问她:"学校准备重新排整部《雷雨》,你愿不愿意来演四凤?"这一问,是张嘉匀人生改变的开始。

初版《雷雨》是那之前的寒假展开的试镜和排演,只有一幕,是实验话剧史上的第一次尝试。当时听到试镜消息的时候,张嘉匀只心动了一秒钟就被不自信给打败了。借口都给自己找好了——因为要筹备去台湾花博会的交流演出,跟试镜时间冲突,所以这次就算了吧。其实心里想的是,万一去参加了试镜,又没有被选上那多丢脸啊。就这样,她错过了《雷雨》的处女秀。

处女秀非常成功,徐校长很欣慰,决定再多招一倍的演员排全本《雷雨》,这才有了张嘉匀后来的角色。人生中绝大多数的机会都只有一次,当时可能真的是被幸运女神眷顾了吧。听说全本《雷雨》的视频后来在实验的很多年级都播放过。演出结束之后的那一年,是张嘉匀目前为止人生压力最大但收获最多的一段时光。

对很多学生来说,备战高考是没有选择的,只要义无反顾地往前冲就可以了。压力是大的,但却是一条笔直通向前方的路。而同时准备艺考却是一条不一定能走得通的"捷径"。因为走的人少,几乎没有同行的人,所以走在这条"捷径"上的时候,心里无比地忐忑。会时而觉得就要柳暗花明了,但更多时候会在弯弯曲曲不见人踪迹的小路上怀疑自我:这到底是不是一个正确的决定?是不是应该即刻放弃,返程走到高考大道上会更有安全感?她这样动摇过无数次,万幸的是这无数次都在家人和老师的鼓励下克服了。因为但凡有一次真的退缩,前功尽弃不说,大量宝贵时间和精力的浪费对于一个高三学生来说简直是天大的损失。

她去过很多不同的表演工作坊,拜访过很多表演方面的老师;因为被夸奖有天分而沾沾自喜过,也因为被否定而受打击掉眼泪过。印象最深的一次,她回课的时候演一段准备了很久的"哭戏",然而被老师从情感上到逻辑上全盘否定。整整半小时,老师越批评,她越对自己感到失望。当老师让她再演一次的时候,她已经完全不能控制自己的情绪,不是人物在"哭",而是自己真的哭到停不下来。好在那堂课快结束了,可留下的低气压萦绕着她,后来每每坐在去上课的车上,就会紧张到胃疼。

之所以说她的高三无法复制,是因为即使排除很多机缘巧合,单凭当时的抗压能力,对她来说都是一个奇迹,真的能激发人的潜力、磨炼人的意志。上大学之后就会发现,高三那年简直是人生的巅峰时期,上知天文下知地理,算得来排列组合,看得懂文言外语。

话剧是她高中和大学生活中最精彩的一部分,虽然并不能拿到酬劳或者提升成绩,但排练中的所感所得远超过任何一门课,更不是金钱所能衡量的。

——金珉老师

学生视角 你眼中的"实验"

在大学中,经常会碰到这种情况:初中同班的两个同学,通过中考进了不同的高中后,又在同一所大学里重新遇见。两人相视一笑,感叹世界好小,感叹也许这就是所谓的"殊途同归"。可能读不同高中对于很多学生而言,无非是离家远近、老师管得严不严、作业多不多、食堂好不好吃的区别。但实验于我,却是无与伦比、无可替代的。

实验给予我最宝贵的是信心。由于小学经历过从外地转来上海读书,所以我不是一个很有信心的女孩子。如果中学也是在一所唯成绩论的学校,以一个平均分成绩,大概很难认为自己比别人突出——好在实验不是这样的学校。有两件印象深刻的事,逐渐让我觉得,其实除了成绩之外,还是有很多标准来衡量一个学生的。

第一件事是一次面试。2010年上海世博会吸引着全球的目光,上海邀请了台湾千名中学生来参观世博会,由300余位上海的中学生带领陪同。实验分到了15个名额,高一和高二的学生都有资格报名。报名时我是没抱什么希望的,潜意识里觉得这种代表实验、代表上海形象的光荣使命,该由优等生来肩负,而面试只是走个形式而已。我至今记得宣读入选名单的时候,在听到自己名字的那一刻,我是多么地惊讶。是惊讶,不是惊喜,因为要照顾身旁落选同学的情绪,我努力克制住了情绪。冷静下来后我开始思考,或许这次真的不比成绩!或许我也可以做到"优等生"做不到的事?或许老师在面试的时候发现了一些我自己都没有意识到的闪光点!那究竟是什么呢?殊不知,我的自信心,就是从那个时候开始一点点地建立。

第二件事是一次演讲,情况跟第一次大致相同。从小学起,能站在周一的升旗台上做报告和演讲的基本是班长和中队长,老师会把它作为一种荣誉来激励同学们好好学习。因此大多数普通学生十年来都是站在草坪上仰望升旗台度过每周一的。

2011年,高二的我第一次打卡了升旗台,主题是汇报那年寒假的游学经历。我依然不是游学团里成绩最好的学生,第二次被意外选中,让我不再怀疑自己,我一定是有某些好的品质被老师们看到了!那一时刻我的想法是:希望可以不负信任,继续发光!

实验有"四节"——科技节、读书节、体育节、艺术节,每一个活动的设置都是希望拥有不同天赋的学生可以展示自己的闪光点。除了学习之外,还有许许多多我们可以发展的领域。在相应的领域中,我们感受到了老师同学的信任和支持,承载着集体的期望和荣誉,也激发出了我们更多的潜能。

2024年是我在复旦的第12个年头,我一直觉得实验和复旦有些像,不急功近利,不盯着学生死读书,不追求毕业5年内能有多少年薪。它们支持我们一切异想天开的创意:去实践,去创业,去感兴趣的领域深入研究,去接受艺术的熏陶。

学生视角 未来愿景

顺便一提,我留在复旦宣传部之前,曾在复旦大学校友会实习。彼时上实校友会刚刚成立,我一边学习复旦校友会举办活动的经验,一边在上实校友会中实践和试验。两份工作相辅相成,丰富了我的活动策划经验和校友资源。

在高校做党务和管理工作,虽然不教书,但也是立德树人的重要环节。除了本职工作之外,我每年还会承担招生工作,专门对接母校实验,希望能把实验学子的发光点展现给高校,希望可以做好实验和复旦之间的桥梁,也希望给考入复旦的实验学子以家一般的温馨。

第11位 2012届 朱梦庭

学生简介

朱梦庭,2002年进小学,2012年高中毕业,10年制学生。喜欢绘画,偶尔打游戏,性格较为外向,倔强、敏感、易冲动,听不得批评意见。聪明、反应灵敏,据说小学进校测试,属于排位靠前的学生,有较强的接受能力,但时常凭一股热情,难以坚持,学习成绩中等,高一下学期成绩曾一度严重下滑。作业较马虎,经常不交或迟交,但是做事和参加集体活动时较积极,日常比较热心,但组织纪律性不够强。高中毕业考入华东政法大学的民商法专业,研究生就读于美国一所大学的市场分析专业,目前就职于洲际酒店集团做市场分析相关的工作。

老师视角 老师眼中的你

记得临近高考的五月,任课老师反映班级里早上迟到的现象比较严重。某一天早上,我早早地站在了教室门口,此时是7点20分,学校规定7点40分早读,所以我们规定7点40分的早读铃响之前一定要进班级,否则算迟到。当然这是我们所有班级默认的一项规定,因为铃响以后进来,会影响早读的老师正常的教学秩序。

到了7点40分以后,班级还有几个空位,接着陆陆续续来了5位同学。我说今天7点40分以后来的同学算迟到,人家路上转几次地铁的同学都到了,你们住得最近的同学还迟到,今天口头警告,明天如果再出现类似情况,要发班级违纪单,贴在班级公告栏上。(我班级有此惯例,如果违反班级规定的,给予班级违纪提醒。)

到了第二天,我如前一天一样早早站在班级门口,7点40分铃声响后,有3位同学仍然晚到,朱梦庭是其中一名(其实她家住在学校对面)。于是,我在班级宣布给3位同学发班级违纪单,其他2位同学都很平静,但朱梦庭情绪激动,说她没有迟到。

我说你先上其他课,有想法我们课后交流,于是我便走回办公室。我到办公室里刚坐下,朱梦庭同学进来了,嗓门很大地跟我说:"老师,你凭什么给我发班级违纪单?"我说:"你违反了学校的纪律,也违反班级规定!"她说:"我没有违反任何规定,我走进学校大门的时候还没有打铃,走到班级的过程中才打的铃,我已经进入学校就不算迟到!"我说:"我们以铃声响前进入班级为标准,因为铃声以后你进入班级就打断了老师的教学。"她说:"学校校规里有这项规定吗?上面明确地写着吗?"我说:"可能校纪校规里没有细化到这个方面,但这个规则也是一直以来老师和同学们都默认的,也是我们班级所有同学一致通过的班规里写明的。"她说:"那不行,班规要遵守校规,校规没说就不能随便说我违纪。"这时她情绪更加激动,办公室其他3位老师也帮忙劝说,说她有点强词夺理,学生应该遵守学校和班级有关规定,也劝说她先回去上课。朱梦庭还是不听劝说,就在那自言自语地重复自己的观点,声音非常大,已经严重影响到其他老师备课。我说:"你先回去上课,违纪单我暂时不发,发的时间再确定。"她还是不依不饶,我怕影响她的情绪,为了让她尽快回到课堂,我就说:"那我不发了,你先回去上课!"这时情况立马有了180度转变,她顿时平静下来,说:"谢谢老师!"

她走了以后,我把情况跟她家长做了下交流,她妈知道情况后替她辩解说:"她在家里是把闹钟调早了几分钟,可能是没算准确,所以又迟到了!"我说:"麻烦你们这几天注意一下她的情绪,有什么异常情况,及时保持联系。"

因为考虑她个人不能接受被发违纪单这样的教育形式,班级一起迟到的同学也都暂时没发。但从那以后的一段时间,班级同学迟到现象大为好转,除了有特殊原因的,其他同学都能准时到班级。

这件事情以后,我自己总结,每年临近高考的特殊时期,学生的情绪常常是焦躁不安的。这时要避免跟学生发生正面的冲突,为了能稳定学生的情绪,一切从大局出发,我们老师不能走直线来激化矛盾,只能采用迂回路线,只要能达到给学生以警示,以后改正,我们的教育本身已经达到了目的。

——胡玲燕老师

学生视角 你眼中的"实验"

首先实验对我来说是"家"一样的存在,从一年级到高三,每天花在学校和校车上的时间是远多于和父母相处的时间的。

值得一提的是,我们02级可能是待过最多校区的一届,从田林十三村1号,到浦东大道1600号上夏令营,然后在南码头路度过1年,最后从东明路毕业,给我的感觉就是一直在搬家,但"家"一直都没变。

对田林十三村印象最深的是图书馆,那是炎热夏天里空调最足的地方,有各种造型的木台子和很多很多的书。我、魏淳毅、田诗怡、汪士臣等好几个同学,虽然成绩不是很好,但图书馆的王老师愿意让我们做"小帮手",帮忙上架、入库,还给我们"种草"她最近读的书。那些枯燥的白纸黑字在她的表述下,变成了一个个精彩的故事,让我从被要求阅读,变成了主动阅读,还读得津津有味。

后来搬到崭新的东明路新校区之后,我也进入了叛逆期,和老师对着干,也算是一个"大刺头"了。还好实验没有放弃我,我也跌跌撞撞升入高中,直到高二开始备战高考,我虽然思想上有所转变,但成绩也还是垫底的。我开始分科目进行补救,数学基础相对较好,而且返聘的王老师很有经验,我和班级平均成绩一起逐步提分。英语语法很差,就抓着我的同桌谢富谨,晚上电话帮我讲题。对我来说最有意思的是帮老师批默写,有一种玩"找不同"的感觉,就这样一点一点补足了英语词汇和语文古诗词的漏洞。我的理解能力很差,语文老师徐老师很神奇地把语文的阅读理解转化成了求公式——如果求X则找Y,让我一下子豁然开朗了。

之后进了大学,毕业,读研。回国参加工作后才发现,实验是这么特殊的存在。实验的同学都是优中选优、各有专长的,在这里我们都是普通而独特的人。直到我参加工作,和各种背景的同事、合作伙伴打交道,我才逐渐意识到,原来很多我们习以为常的优点,比如反应快、学习能力强,都是上天的礼物。正是在实验10年的"凤尾"经历让我更自信、更自如。

学生视角　未来愿景

老校歌《攀登》的歌词里说,"勤奋是我们的学风,求实是我们为人之本,探究是我们成才之门"。我现在从事酒管行业的数据分析工作,对未来的规划可能不是很宏伟,但我会保持勤奋、求实和探究,为酒店管理这个传统行业尝试更多商业分析的技术应用。

第 12 位　2013 届　张子欣

学生简介

2013 年进校初中部就读。

曾在英国剑桥大学攻读物理专业本硕,现在牛津大学攻读物理学博士。

老师视角　老师眼中的你

一口 Queen accent 的小女生

伦敦音的天赋

初识她是在新中一第一节英语序言课上,我让小朋友们轮流作英语自我介绍。学生们有的腼腆,有的大方,有的声音响亮,有的声音弱小……轮到她了,一个坐在角落里的小女生。她白白净净,矮矮小小,与巴掌大的小脸形成鲜明对比的是,她脑袋后扎了一条非常非常"粗壮"的大辫子。这年头,留这么长头发的小朋友真少见,要持续多少年才能长得这么长啊……

"It's my honor to stand here to introduce myself. My name is Lily. I love this name because I love the flower Lily. It stands for pure and peace. I have lots of hobbies, like singing, dancing, reading ..."

这小女生一开口,我立马被震住了,她的声音不仅富有磁性、具有穿透力,而且还是一口标准的 Queen accent！这可是我工作了 20 多年来,第一次碰到英式英语说得这么纯正的学生！难道她小时候在伦敦待过？或是有英国外教同她辅导？还是爸妈在家也同她用英式英语交流？自我介绍,她一个人一口气讲了近 5 分钟！

一下课,我迫不及待地把她叫到一边,想揭开谜团。本来我想,上课时滔滔不绝,如此 eloquent 的小朋友肯定也会跟我说个不停的。没料到,她就跟我说了这么一句话:"没有啊,我什么都不学的,就喜欢看 Harry Potter。"天哪!这绝对是一个有英语天赋的孩子!

自说自话 vs 约法三章

Lily 很喜欢在课堂上与我互动。我提每个问题,她都会高高地把手举起,样子像极了 Harry Potter 中的赫敏,聪明又自信。但课下,她总喜欢与其他两个女生一起,把我围住,对我问长问短,比方说,喜欢的歌手啦,我的生日啦,最喜欢班上哪个学生啦,等等。说实在的,如果没有上课时的表现,我会觉得她是个有点"疯疯癫癫"、"没心没肺"的小姑娘。

第一次,第二次,第三次,连续几次小测试,Lily 都拿下了第一。

第一次,第二次,第三次,连续几次单词默写,Lily 都拿下了满分。

第一次,第二次,第三次,连续几次 SSP 报纸阅读测试,Lily 都拿下了最高分。

Talk show(脱口秀),她被同学评选为最佳;英语歌曲表演,同学给她的掌声最响;年级大会,英语学习经验分享人非她莫属……她头上的光环一圈一圈多了起来。随着我对她的表扬次数的增多,她渐渐地从自信变得有点"自说自话"。比方说,她会就回家作业的量同我讨价还价;她会跟我提要求,TFT 唱什么样的英语歌;她会偷偷地在上英语课时看小说……当然,每次她与我"协商"的结果都是她"赢"了,我为她开了一路的"绿灯",并与她"约法三章":她可以不做规定的英语作业,但必须每周写一篇英语随笔;她可以不背规定的课文,但必须每两周作一次为时 15 分钟的英语原版片的配音;她可以不阅读规定的 SSP 报纸,但每次报纸测试必须要 80 分以上;她可以上课偶尔开开小差,但必须每两个月读一本英语原版小说……这就是我俩之间的"较劲"。有时课后,我会半真半假地对 Lily 说:"Keep the whole thing in low key. Modesty helps one go forward."而她总嘻嘻一笑:"我骄傲?没有啦,我没有骄傲呀,我有骄傲吗?……"随着 Lily 的反问,我也多次自问:"这么一个孩子,是应该值得骄傲的吧?她有资本呀……"真希望 Lily 能一帆风顺,在英语上能越走越远!

"鸡毛信"里见成长

学习的日子总是过得那么的快。一个学期过去了,Lily 给 Big Bang theory 配音,那语速快的,简直就像 native speaker。她也给 Harry Potter 配音,所选的人物,当然是赫敏啦!地道的英式发音,让学生赞叹不已!Lily 三人表演唱 Taylor Swift

的成名曲，在班上掀起了一股"Taylor 潮"。电影 *Frozen* 出来后，在 Lily 的引领下，全班同学都哼唱起了主题曲 *Let it go*。而她，已经学会用 25 种语言演唱这首歌啦。Lily 的 talk show，English diary，English poster 远远领先于同班同学……她已俨然成为班级同学膜拜的"英语女王"！

但那次的英语期末考试，她考砸了！非但第一名的宝座被抢了，而且英语仅仅考了班级第九名。试卷分析那天一早，我在办公室的桌上，发现了封"鸡毛信"，打开一看，是 Lily 写给我的。看完信，我如同初识 Lily 一样，又一次被震到了！她的宣泄，她的彷徨，她对自己的否定，她的自我调节，就像洋葱一样，在我面前一层层剥开，我随着她一起鼻酸、流泪。这个结局怎么会这样？没有人能预料到。是她太"轻敌"还是太"自负"？是她太"粗心"还是太"骄傲"？不容我多想，上课铃响了，走进教室，看到 Lily 已哭得双眼红肿，眼角还挂着残留的泪水。我原想，今天她肯定不会高举她的手来回答我的问题了吧。还是一个没想到，如同往日一样，我每个问题一出，她还是依旧高举她的手，不管我会不会邀请她。看来，她也慢慢在调节自己。正如她自己写的：Now it's time to change my attitude and find my courage … I will keep my faith and hopes … Life is full of ups and downs. And without downs, we can't enjoy the successful of ups. 我一边讲课，一边走到她面前，轻轻地拍了拍她的肩膀，我想，一切都在不言中，我懂 Lily，Lily 也会懂我的。

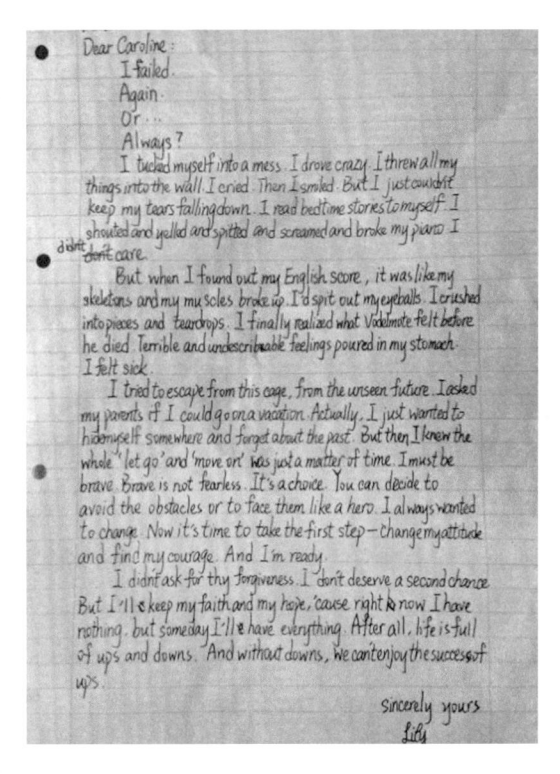

Lily，就是这么一个有语言天赋的小女生，一个"容我张狂"的小女生，一个喜欢不断挑战的小女生，一个有自己独特想法的小女生，一个会自我反思的小女生，一个值得被我研究的小女生。一朵鲜花，已慢慢绽放，相信经过暴风雨的洗礼，她会开得更艳，更大，更持久……

——张瑶老师

学生视角　你眼中的"实验"

在实验学校度过的几年中,让我有幸认识了很多闪闪发光的老师和同学,并且接触到许多宝贵的成长试炼的机会。在来到实验之前,我是一个十分害羞的小女孩,但是实验给了我一个展现自己的舞台,让我变得更加的自信。

我最感激的是我的英语老师 Caroline。学习一门新语言对学生来说可能会很煎熬,尤其是在年幼时,我们对自己所付出的所有辛勤努力是否值得充满了疑问。但是 Caroline 成功地让学习英语的过程变得妙趣缤纷。她的英语教学方式充满了创意和与同学们的互动,没有一刻是乏味的。

回看从前,我意识到语言的学习仅仅依靠课本的死记硬背是不够的。好在 Caroline 擅长组织各种用英语进行的课堂活动。我依然记得我们学过的所有英语歌曲(歌词填空是我最喜欢的活动)、我们观看的电影(纯英文字幕)、我们创作的戏剧、配音比赛等。不仅让我迷上了英语,也迷上了西方文化。这也是后来我决定报名参加海外暑校,最后决定出国留学的原因之一。

Caroline 从上课的第一天就发掘了我的英语天赋。她鼓励我积极参与学校举办的各种比赛和活动。最让我难忘的是她介绍我参加的"跨栏"项目,让我有机会去高中上英语课。对我来说,走出舒适区并不容易,但在她的鼓励下,我逐渐开始喜欢上这些挑战。我以前是个害羞的小女孩,只要房间里有好几个人,我就会怯场,可最终在英语比赛里,我能成功地在成百上千人面前演讲,并屡屡获奖。

随着在 Caroline 课上听的英语越来越多,我开始尝试自己写英文歌。在实验学到的乐理课和钢琴课这个时候就派上了用场。一开始我只是时不时地享受坐在钢琴边,随着不同和弦哼起自己编的旋律,慢慢地我学着把它们串成一首首完整的歌……我一直坚持这个业余爱好,在后来的几年时间里陆续写了十几首原创歌曲。我在实验也认识了志同道合、爱唱歌、爱编曲的小伙伴们,一起合作发行了好几首歌曲。时至今日,写歌依旧是我的爱好之一。每当坐在琴边,我仿佛还能想起刚开始写歌的那些旋律。

在初中开始上物理课之后,我又逐渐地爱上了物理学,爱上了可以用各种巧妙的数学模型来解释不同事物的运行规律,乃至搭建万物理论。我在高中开始主修理科,并且去国外参加了不同的物理夏校,最终选择了物理作为我的大学专业,并有幸去到了自己最崇拜的大学——剑桥大学进行深造。

学生视角　未来愿景

现在的我以一等的成绩从剑桥大学物理系毕业,有幸得到了以全奖在牛津大学深究激光物理学的机会。闲暇的时候,我还是很享受弹琴写歌。对我而言,音乐和物理,艺术和科学一直是相辅相成的事情。我希望能为推动人类科技发展和对世界理解贡献出自己的一份力,在浩瀚的宇宙里,继续发光发亮。

第13位 | 2014届 成 律

学生简介

2011年进入上海市实验学校高中部学习,成为上实首批成规模特需学习的学生后,在人文学术方面显示出特别的禀赋。2014年考入上海外国语大学国际政治专业,2018年成为加州大学圣地亚哥分校(University of California, San Diego)政治学硕士研究生,亦选修了大量历史学课程并在毕业后留校担任历史系研究助理。2021年前往芝加哥大学历史专业方向攻读第二个硕士。2023年被康奈尔大学历史系录取为博士研究生,继续深造,继续学者之路。

老师视角 老师眼中的你

成律是一个被其他学生视为奇人甚至"怪物"的家伙。同学们既惊叹他的史哲学识,又不能理解他看问题的思维方式。他看问题的视角总与别人不一样,总是在钻牛角尖,别人关注重点,他关注细节;别人关注全局,他追求深度。所以,他经常看着同龄人不爱看的书,想同龄人不想的事,参加同龄人不太愿意参加的活动,也在同龄人认为没什么大不了的问题上与人产生矛盾。不合群是他的标签,因此经常被人用异样的眼光看待。

同时,他其实不招很多老师喜欢,因为他只喜欢做自己想干的事,文史哲他什么活动都参加,理化生时常连基础的作业都交不齐。这种明显的好恶还体现在对老师的态度上,不喜欢的老师完全不加理睬,我行我素,就是班主任也没用;喜欢的老师又特别热情,三天两头来找你,大事小情求取意见。

他是天才还是怪才?

这样一个奇人,在人文学科方面却颇有天赋。他在全市的中学生时政知识大赛、文博知识征文大奖赛、青少年科技创新大赛等各种文史哲比赛中收获奖项,在学校的各类人文学科竞赛中更是屡屡获奖。

实验学校有一个常设的学术讲座,一般邀请知名专家或学校资深教师主讲,但却曾破天荒把成律请上讲台,给大家解读他特需研究的奥地利作家斯蒂芬·茨威格的《异端的权利》。他对欧洲宗教派别之争的精彩阐述,深深吸引了师生们,老师们也直说成律了不得。

但是,他理化生成绩一度不堪入目,时常作业也不交,该背的东西也不背,让任课老师担心学业水平考试是否能通过。他被理科老师评价为缺乏合理的逻辑思考,思路很乱,不知道在想些什么。这真是令人印象深刻的截然反差。

他是文科天才,或者是理科废材?奇怪的是他的数学成绩却并不差。

我利用特需课程指导老师的身份,有一次在有意无意间对他说:"不感兴趣的理化生学科在高二下学期也要努力一下,不懂自然科学的基本规律,无法对社会科学深入研究下去,成为真正的学者会遇到瓶颈。而且在名牌大学研究文史哲专业,自主招生时学业水平考试也是一个重要参考。"他当时的反应是大吃一惊:"原来是这个样子的呀!"

然后他的理化生成绩虽没变得优秀,却进步很快,顺利通过学业水平考试。但考完后,他再也没去碰过这些学科。

他在人文学科上的天赋确实存在,但是兴趣或者较早产生的成功感可能在这一阶段产生了更大的作用。从性格特质看,他简单偏执、易受感觉左右,暂时性地缺乏宏观思考,但是在某些领域却极专一,注意力难以被分散,属聚焦思维。

也因此,他为人处事方面不合群,常常生活在自己的世界里。许多老师认为他有的地方很优秀,但执拗难改变,而且看不起人(包括老师)。简而言之,智商很好,情商糟糕。其实他只关心他想要的东西,为此他会深入思考;而他认为与己无关的东西,则被他全部排除。这使他能特别专心,也使他缺乏交往上的社会性。

他是志向远大还是谨小慎微?

当年,作为一位高一同学,他选择以"上海租界近代历史"为特需课程的学习内容确实令人有一点惊讶。因为,现在的学生选特需课程的主要意图大概可以分几类。

第一类,爱好。这一类学生往往喜欢选择艺术,包括文学、绘画、摄影、雕塑和音乐等,还有喜欢信息技术和数学的,如果因爱好而选择历史的,也多偏重于政治军事史、思想史和体育史方面。

第二类，猎奇。这一类学生好奇心重，喜欢看纪录片和动画片《名侦探柯南》，喜新厌旧，与一般的爱好不同。所以喜欢选择心理学、生物化学等实验性课程。若有学生选历史课程，也是希望寻找某些历史事件的真相。

第三类，功利。这里的"功利"并非贬义，而是能冷静地从收获来判断选择的合理性，有的从自身已发现的学科天赋出发作出选择，有的从社会需要角度来作出选择。这类学生往往理科见长，因此选择理工科、经济、金融学科的居多，基本不会选择历史学科。

"上海租界近代历史"内容枯燥、学术性强、出成果难，而且属于没有多少社会关注度的冷僻课题，怎么会有学生选择这种东西呢？他的选择真的很特别。通过初步接触，我发现他语言能力强、爱思考、看书多、喜欢提问，学识也明显比同龄学生渊博，因为他特别喜欢看书。而且他的学习是我所见的最有计划的，什么时候看什么书，要做哪些事，都安排得妥妥帖帖，不需要老师操心。

但是，他同时又很不果断。不管问题大小，似乎是对自己思考所得不敢信任，都要来找老师分析探讨。而且，他说话细声细气，走路步子很小，经常喜欢看脚尖，仿佛怕随时会摔倒；让他端杯茶，老半天不见人来，因为他不知道该找什么样的杯子；他害怕体育运动伤身体，老是紧张得肚子痛；一点鸡毛蒜皮的小事就向老师告状，与同学完全处不来……可以说，在生活方面堪称"奇葩"。他谨小慎微，在乎细节，遇事犹豫纠结，特别容易紧张。

这些表现反映出的性格特质常常让人难以理解，但在他身上又出奇地自然和谐。超越常人的细致，使他在自己的学习方面有独特的优势；人生的计划性使他能早于同龄人规划未来，展望人生，并且显得早熟。但是也因为细致和极强的计划性，使他又生怕踏错一步，害怕计划外的状况，而且总是思虑过多、忧心忡忡，心理容易紧张。这是一种可以有很大发展前景，但又因脆弱，需要很好保护的人才。

他是偏执还是执着？

成律非常有自己的想法，所以他与我的看法产生冲突也是常有的事。

在研究"上海租界近代历史"的开始阶段，他想在写的东西中突出租界对中国的侵略性，我认为不该把过多的精力放在这方面，因为研究这方面的文章太多了。但是我没有否定他的想法，而是让他自己做决定。他一开始固执地坚持自己的看法，但是在查资料思考后,却突然转变了看法,采纳了我的意见。

高二时,他仍然选择我指导他的"经典名著阅读"特需课程。在他选择阅读德国学者茨威格《异端的权利》后,我希望他通过对历史变迁的比较,以对坚持自由信仰的孤独和传承为主题。他却嫌太肤浅,选择研究解决一个书中提出的难题,即起初受最严苛、最不宽容的加尔文宗影响最深的国家和地区,如瑞士、荷兰、英格兰、美利坚等,恰恰成了最强调思想自由和宽容的国家和地区——这一历史问题又被称作"两极相通"。这令我非常头疼,因为这个问题连学者茨威格本人也没有能够给出答案。但这一次,虽然研究进程异常困难,他最终还是没有改变决定。

高三填报大学志愿前,他自主招生想进的复旦大学可能是因为他的偏科,将他拒之门外,但同时他却获得了上外的加分。说实话,上外是很诱人的学校,但是他依旧是这样的不甘心。在研究大学入学的专业和考分后,他惊喜地发现,还有比复旦大学并不逊色多少的南京大学可以填报,分数仅比上外略高3分。结果他决定第一志愿填南大,第二志愿填上外。分差实在太近,容易废掉一个志愿。我跟他说这样不合算,他却表示已做好废一个志愿的打算了。宁废上海学生更青睐的实惠志愿——上外,也要去争取学术上更出色的南大。在这一点上,他的坚持特别"固执",却令我再次对他另眼相看。而后,在具体志愿填报上,他也明显更倾向学术,根本不关心是否是所谓的热门学科。

他有他的骄傲,有对自己学问的信仰,在这方面他有脱离社会功利的"偏执"。虽然大事小情常会征求别人的看法,但在做决定时却特立独行,坚持自己的理想不屈服于社会。

从学业上来看,成律是一位已经学有所长的奇人。从生活上来看,他又像是不问世事的怪物。这样一个同龄人中稀有的"极品",既来自他的天赋才情和性格,也来自家庭和学校对他培育的宽容,还来自他对理想的信仰。

——佘文骅老师

学生视角 你眼中的"实验"

我的特需概况

我于2011年9月通过自主招生入读上海市实验学校高一,在军训期间听闻徐校长关于特需课程的介绍后产生浓厚兴趣,结合本身对文史哲的爱好就申报了特需课程的历史学项目。经过多轮面试获批后,历史老师佘文骅成为我的指导教师,开始了两年的特需课程学习。按照实验学校相关规定,特需课程一般为一年期项目,每学年年初进行申报审批,在该学年年末进行成果产出和验收总结。我在高一年级时申报主题为"上海城市史研究"的特需课程项目。在高二年级时申报主题为"茨威格经典著作研读"的课程项目。两项项目均由历史教师佘文骅负责指导,并顺利在规定的时间内完成。

总体上,两年的两个特需项目都遵循此模式——上半学期通过"头脑风暴+广泛阅读+每周讨论"的形式,完成对特定领域的广泛性学习并聚焦到特定的研究议题;寒假内学生独立完成资料整合工作;下半学期学生独立写作并通过每周见面予以细化打磨作品。在这其中,根据实验学校对特需课程的总体安排,不时穿插有阶段性汇报、不同项目的同学之间互相交流以及在学校读书节中展示等活动。

我的特需申报:从方向辽阔到聚焦治理

在高一年级伊始,我对历史学的理解仅仅是对历史书籍的阅读和读后感的书写,因此在最初提交的计划书内,书写的内容是"对上海自开埠以来的政治、经济、文化、对外关系和社会生活进行全面梳理和介绍"。对此,在初次见面探讨特需课程审核事宜的时候,佘文骅老师就直接予以否定,并提出:"如此课题只有两种可能:其一,是一个历史学者以毕生精力撰写一部鸿篇巨制的大作;其二,根本无法算上一个研究,只能算是所谓的'说明文'。"但是佘老师又告诉我,作为课程其实是可以调整的。

在第一学期内,我在佘文骅老师的指导下阅读了三四本关于上海租界历史的书,并按照佘文骅老师的建议去位于东方明珠附近的上海历史博物馆进行了参观。在最初的每周见面会上师生对话一开始是让我畅所欲言,对所看所读的印象深刻的几乎任何内容进行广泛地分享和复述,在此过程中佘文骅老师不断引导我寻找研究话题聚焦点。经过大约十周的阅读和分享,我的研究话题从最初泛泛的"上海城市史"逐渐变成"上海租界研究""民国时期租界研究"等,最终在时间段和次级主题上都更加明确和聚焦,我把研究对象设定为"1911年至1943年之间的上海公共租界的城市治理"。

学会研究的第一年

在明确了相关议题之后,佘文骅老师在每周三下午最后一节课例行的探讨分析中就对我的话题设计提出了截然不同的要求：不再是"针对你任何印象深刻的史料海阔天空随便说"，而是"言简意赅，围绕话题本身叙述，与研究议题关系不大的内容可以暂时放一边"。同时，佘文骅老师充分利用实验学校赋予特需课程的充分资源，先通过上海师范大学人文学院为我借来了"上海租界年报"等高等院校馆藏的一手史料，又联系了上海城市史专家、上师大的苏智良教授，安排我在寒假期间与之进行交流访谈。至此，第一学期的特需课程学习在临近期末考试的时候结束。

寒假期间我按照预先安排，在上师大和苏智良教授进行了大约1小时的交流，并进行全程录音。苏智良教授特别提醒我注意关注租界内以"巡捕房"为代表的司法系统的运作及其背后的逻辑。同时，我根据研究的话题的相关性，将之前在上海历史博物馆拍摄的约400张照片挑选出30张左右，作为书写研究论文的直接材料的一部分。

第二学期开学后，我和佘文骅老师首先探讨的内容是文章本身的篇幅和结构。我作为一个之前只写过中学语文作文的高一学生，对字数的概念无法准确把握，先后提出了"2 000字"以及"50 000字"的不合理预期（前者过短，后者则过长）。在佘文骅老师的指点下，最终达成共识，将书写的计划定位在6 000字上下（不包含注释及引用）。在此基础上，我开始了文章的写作工作。我通常是每周六晚上或周日下午从课业中抽出一定的时间来进行写作，之后在下一周的周三下午特需课程时间将所写内容给佘文骅老师审核指导，双方一边讨论，一边修改或标注修改的方向。同时在每周特需课程结束前双方还要商讨下一周的写作进度和计划。这种安排在期中考试周则视情况暂停一次，同时，偶尔也有双方根据实际需要，在周五下午的社团课进行"加时"的情况发生。

论文书写的过程不仅仅是将研究内容以书面化的形式呈现，更是让我初尝"听历史故事""看历史书"和"研究历史""针对历史进行写作"之间存在的本质区别。这也为我之后在文理分科、大学专业选择乃至于硕博专业选择等一系列重大问题上不仅仅依据简单的"兴趣"，更有兴趣之上经过理性思考的"志趣"作为强大的指导和支撑。

研究论文大约在五月底完稿，随后我经由实验学校的安排在全体特需课程的师生面前进行了大约20分钟的成果汇报，同时该年期末结业典礼中我作为高中部的特需课程3位学员代表之一进行了约5分钟的校内电视发言。

情理之中的课程转向

进入高二年级，佘文骅老师在返校当日即与我见面并商讨新一年的特需课程安排。佘文骅老师表示，理想和现实不能完全割裂来看，虽然特需课程本身是基于素质教育和全面发展在固有的以升学为目标的核心课程体系上做出的有益补充，但是作为一个高二的学生，特需课程如能和升学相结合自然是更好的。因此佘文骅老师启发性地问了我一个问题："按照你的既有计划，你的本科将在中国大陆体制内，还是直接赴海外留学？如是前者，我建议我们针对复旦大学'博雅杯'进行人文经典书籍的阅读以及评论性文章撰写；如是后者，我建议我们继续针对高一年级的课题从另一个角度拓展下去继续做。"

我表示按照既有的规划，将通过高考完成体制内升学，待本科毕业后再言留学等事情。因此，我和佘文骅老师决定了高二年级的特需课程内容为"人文经典书籍阅读"。此时我已经在文理分科中选择报考文科，并有强烈的愿望在大学期间修读历史学或类似的专业。我按照实验学校针对特需课程的相关规定撰写了第二次申请书并迅速获批，继续由佘文骅老师作指导。

更深入学术的第二年

围绕"人文经典书籍阅读"研究一本书，是否只是精读一本书？

在正式开学后的第一次交流中，佘文骅老师让我列出相关的、感兴趣的、有可能作为书评写作对象的一些书目。我提出的内容有卢梭的《忏悔录》、茨威格的《异端的权利》还有梭罗的《瓦尔登湖》等六七本。其中有些是我全书阅读过的，有些是略有涉猎的。佘文骅老师提出，基于历史学科的背景以及我本身的兴趣和特长，选择历史类的书籍比选择文学类的似乎更加合适，并逐一讨论了这些著作大体的内容以及可能深入挖掘的方向等。最终我和佘文骅老师决定了以茨威格所著的《异端的权利》这本以宗教改革以及若干政治伦理的历史性辩论为核心主题的著作作为书评写作的对象。

几乎是与此同时，佘文骅老师和我达成了共识：读一本书、评写一本书是不够的，必然是需要围绕一本书发散开，读一组书，才能写好以这本书为主的研究性文章。围绕《异端的权利》展开的阅读从"作者"和"议题"两个维度发散出去，基于前者的书目涵盖了茨威格的著作《昨日的世界：一个欧洲人的回忆》以及《一个陌生女人的来信》，基于后者则囊括了卢梭的《社会契约论》，约翰·密尔的《论自由》，马克斯·韦伯的《新教伦理与资本主义精神》等若干著作。同高一时期的特需课程项目类似，高二上半学期也同样是"平日自行阅读，每周三的特需课程上交流阅读的内容和心得体会,从而不断收缩和聚焦议题,产生问题意识"这样的模式。但在资料搜集整理等问题上,我的自主性和系统性经过高一的学习有了明显的提高:我准备了专门的读书笔记并按照不同的书目进行分类,同时我自行在书单上加入了罗素《西方哲学史》(上卷)以及斯塔夫里阿诺斯《全球通史》等书目,我还根据自己的兴趣,用时间轴的形式梳理归纳了文艺复兴时期在思想界发生的若干大事件。进入高二上半学期的尾声,我和佘文骅老师基本上将议题聚焦在"加尔文宗本身的遗产如何孕育出对其进行的反抗"这个类似"二律背反"的问题,并确定了将之作为针对《异端的权利》进行写作评论的主题。在寒假中,我主要负责构思写作的框架并进一步搜集和细化读书心得与论据。

进入第二学期后,同样遵循高一年级的写作模式,周周写、周周谈、周周改,不断打磨和完善。该学期适逢实验学校举办两年一度的读书节,在读书节的核心环节"读书讲坛"中,我被选为十二名主讲人之一(其他的主讲人包括特别邀请的专家学者、作家、杰出校友、实验学校教师以及其他若干在人文阅读上有所得的实验学校在读学生),讲述对于《异端的权利》以及茨威格其他著作的理解和体会,并上升到对知识的尊重以及对人格独立性的求索这一宏大命题上。我在读书节的分享活动获得校内的很高评价。此后我还曾在高三寒假作为实验学校学生代表之一参加华东师范大学举办的一项读书分享活动,向包括"人民教育家"于漪老师在内的专家学者进行这项自主学习的汇报。

但是包括在之前的若干次特需课程汇报总结等活动中,佘文骅老师对我所提出的都是同一个要求——着眼点应该放在学问本身之上。学问做扎实了,各种报告分享讲座之类的自然水到渠成;若是学问本身不扎实,后者就沦为形式主义的花拳绣腿了。由于高二下半学期本身的课业紧张以及学业水平考试的压力,高二年级的特需课程学习虽然在学年结束时名义上结束,但在暑假内我依然在忙碌的补课和自习中见缝插针,和佘文骅老师进行了若干次深入探讨和修改,最终在暑假结束之前完成整篇研究性评论文章。至此,我在实验学校的特需课程全部完成。

特需多年后的回望

实验学校的特需课程对我的影响极其深远,并且随着时间的深入,我越来越确信这一点。进入高三后,我在特需课程上所写的文章并没有按照预期设想为我打开自主招生的大门,在学业压力和精神压抑双重考验下,我和我的家人朋友或多或少曾怀疑过，特需课程花了那么多时间，是不是有一点不值得。但是短暂的怀疑后，之后七年发生的事情让我彻底打消了这个念头，就如同实验学校徐红校长经常说的，实验学校给予学生的培养不仅仅是一纸知名大学的录取通知书，更加会在进入大学后的终身学习发展中有所裨益。

学生视角　未来愿景

我在2014年考入上海外国语大学国际政治系。阴差阳错我似乎进了一所没有历史学专业的、在外人看来也许"很不错"的大学，然后自觉自愿按照兴趣选择了国际政治系这个在外人看来"很冷门"的专业，从此一发不可收开始了在学术道路上的真正探索。摆脱了应试教育的压力后，我把大量的时间用在广泛的针对历史和政治以及其他社会科学的著作研读上，并花大力气针对外语的语言功底进行学习提升。对历史的喜好以及在实验学校的启蒙给了我独特的视角，始终在"政史结合"的领域不断探索。在上外就读期间，我通过撰写政治史方面的论文连续两次斩获学校最高规格的学术奖项"校长读书奖"并在进入本科高年级之后参与了若干个相关的科研项目。2018年我从上外毕业后进入在亚洲研究领域有着很高学术声誉的美国加州大学圣地亚哥分校（University of California, San Diego）就读政治学硕士研究生。在读期间我更加坚定了在"政史结合"的视角下进行学术探索的志向，亦选修了大量历史学课程并在毕业后留校担任历史系研究助理，同时朝着历史学博士的目标在不断前进。

2021年我特需课程开始的十年后，我写过文章由衷感谢实验学校用精致的培育给予我野蛮生长的空间，没有重理轻文的偏见，尽可能在唯分数论的无奈中为我开辟一方天地，让我在和亦师亦友的佘文骅老师的共同学习中，把兴趣变成了志趣，进而在之后的十年以及更久的时间中，把历史学研究这样一项在通常刻板印象中更多只能作为"业余爱好"存在的事情，当作一项严肃的学术事业来不断追求。

2023年1月，我被康奈尔大学历史系录取为博士研究生。收到offer后，我第一时间发微信给佘老师，与他分享。是上海市实验学校的培养，是佘老师在我高中三年的指导和启蒙，让我迈出了在人文学科领域精进的第一步。

从在闷热的军训场地中懵懵懂懂听徐校长介绍"特需课程"，到如今在太平洋的另一端，每每念及往事，实在想对实验学校说：

十年树木，百年树人，插柳之恩，终生难忘。

第 14 位 ｜ 2015 届　李一鸣

学生简介

李一鸣，2009 年进入实验学校初中部，2015 年从高中部毕业。在校期间总体成绩保持前列，高考时以校内理科排名第二的成绩进入北京大学信息科学技术学院攻读计算机科学专业。2020 年从北京大学获得学士学位后，进入资产管理行业从事权益投资研究工作。

老师视角　老师眼中的你

"不鸣则已，一鸣惊人。这就是我爸爸给我取这个名字的寓意吧。"李一鸣用充满灵气的眼睛看着我认真地说。"那你的双胞胎姐姐叫李一飞，就是希望她一飞冲天啦？""大概吧。"

一鸣给我的第一印象就是有灵气，暑期夏令营里刚刚考入实验学校初中部的她对于我提及的很多诗词都能流利地背诵出来。我发觉这个孩子在知识的积累上远远超过很多人。她告诉我，爸爸对她非常严格，她读小学之前就已经能够背诵《三字经》《千字文》《论语》等经典名篇了。

身为她的语文老师，我原以为她应该喜欢文科，没想到她竟是一个理科才女，喜欢参加各种数学、物理竞赛，并获得了非常好的成绩。对于班级的各项事务，她更是格外地卖力，期望班级因为有了她的存在而更显光彩。

超凡的记忆能力

第一次到一鸣家里家访时，一鸣的爸爸就跟我介绍了她对国学的一些了解，小孩子从读幼儿园起就开始背诵《三字经》和《论语》，爸爸说希望她能多掌握一些国学知识，多背背很有好处。当时小学毕业的一鸣已经背完了许多古代经典名篇，而且《新概念英语》前两册也背得滚瓜烂熟了。

读初中以后,在学校的首届达人选拔赛中,她经过初赛、复赛到最后的决赛这几轮激烈的竞争,当选为实验的《三字经》背诵达人。在代表学校参加的实验集团辩论赛上,作为四辩的她也一展才华,在非常短的时间里对前面的辩论作了精彩的概括总结。

背诵对她来说是件愉快的事情,背背古典诗词也好,记记数学公式也罢,她都不觉得有什么负担,反而享受着记忆的成功带来的开心和喜悦。

精妙的艺术审美

先后担任过班级文艺委员和副班长的一鸣对老师交代的事情从未有过任何遗漏,而且能够以她绝佳的艺术审美感悟,出色地完成集体的很多工作。

一鸣超级喜欢画画,用各种笔描绘出她心中最美的风景、最难忘的人物。2010年世博会前夕,我们班级的布置以挪威馆为主题,她画的水彩大树,既象征着挪威的森林,又被同学们当成了心愿之树,大家用苹果形状的便笺纸写上自己的祝福,挂满大树。她为班级设计的黑板报也总是能够得到每月学校黑板报评选的高分。

班级、学校里的各项活动中都可以找到她灵秀的身影,唱歌、跳舞、朗诵、主持……对了,还有演奏、弹弹钢琴、拉拉二胡,这个孩子刚读初中就已经是二胡十级了。

当然,她对美的把握更是准确而又独特的,主动请缨协助我进行班刊的编辑,从选图、插图到设计、排版,都要做到尽善尽美。我们的初中毕业纪念册她也花了很多心思,从给同学们拍照到画册的文字推敲,再到画面的编排,都让大家欣喜不已,无不交口称赞。

初中三年她是班级活动的 PPT 制作专业户,每一个作品都体现出她的风格,严谨、唯美、有新意。读高一时她就成了高三师哥师姐们毕业典礼的策划人之一,并制作了主题短片在学校网站及著名视频网站上播放,看到这个短片的实验学子们怎能不更加流连和怀念他们正在或曾经度过的美好校园时光呢?

细腻的情感世界

读小学时的她就是一个爱集体如家、爱老师如母的孩子。记得升入初中的第一个教师节,安排好班级事情以后,她跑来找我,想请一个小时假回小学看班主任,我欣然应允,这是孩子那一颗感恩的心啊。

在我们相处的三年里,每一个教师节都会收到她亲手为我制作的手工作品,或是折纸花球,或是我的画像,每一份礼物都是特别的,更是唯一的。我们之间既是师生,又似母女,更像是朋友。她会时常问我是否需要帮忙,她会偶尔讲起她的心事,她一直记得我的生日,直到现在。即使高三学业繁忙的时候,她也没有忘记一个初中班主任的生日,还会送来一份温暖的祝福。

毕业前夕,我们班级在准备节目时,她主动提议自己来制作演出道具。我们几个人一起出去买材料,一起搬回来,在我们几十平米的教室里,一鸣连续两天,每天连续工作5小时以上,用她一双纤弱的小手,拿着一把美工刀,裁刻出带有150个镂空小框的巨幅电影胶片道具,让我们的节目得以精致亮相。

毕业典礼那天,我们大家一起以朗诵、歌唱、太极与小品的形式在巨幅电影胶片背景前回忆了初中的"四节",回忆着那一幕幕难忘的时光……

严格的自我要求

这个外表娇小的孩子不仅有着细腻的情感世界,还有着强大的内心力量。十几岁的她做事极其认真,对自己高标准、严要求,不容有失。无论是一次作业,还是一次发言;无论是一次比赛,还是一次演出,她都以最高的标准严格要求自己,更难能可贵的是她能够始终如一地坚持自己的处事原则。

每个阶段的一鸣都会给自己制订学习计划,而且严格按照自己的计划行动,不做到最好,决不罢休。每次参加数学或物理竞赛前夕,她都会刷题至夜深人静;每次考试之前,她都会从头到尾梳理知识,复习所学内容。记得在编辑班刊的那段日子里,为了追求画面的整体感和统一性,她连续两三天修改到凌晨,第二天一早再拿给我一起商量斟酌,直到把我们满意的作品打印出来发给大家珍藏后,我才看到她略显疲惫的小脸绽放出灿烂的笑容。

一鸣在初中三年里获得了很多的"一名",考试成绩第一,数学竞赛第一,物理竞赛第一,计算机竞赛第一……如此优秀的她自然而然地成为首批免试直升高中创新实验班的五人之一。在升入高中前的两个月里,她又自学完成了高中三年的数学课程。

升入高中后,她参加了数学建模小组,与几个孩子连续工作36小时进行建模的相关统计,他们最终获得了特等奖。15岁的她就参加了中国少科大的选拔。在2015年考入北京大学,当然,她还在为她的理想一直不懈地努力,希望将来到世界的数学圣殿——麻省理工去继续深造。

能独立学习，会自主生活，有明确的奋斗目标，更不失艺术品位，这样一个充满灵气的女孩是上天赐予实验的礼物，我有幸成为她的老师。

我欣赏她的聪慧，佩服她的毅力，更喜爱她的深情，这样一个才情兼备的实验学子将来一定会不鸣则已，一鸣惊人！

——张丹老师

学生视角　你眼中的"实验"

萌　芽

我在实验求学六年，从一个懵懂的孩童长到一个年轻气盛的青年，后到北大继续求学。两份宝藏是实验带给我的并保留至今。一份是独立思考，拥有做长期选择的底气与经历；另一份是我现在工作和生活中最重要的品质与个性——好的价值观与利他精神，我把它们分为"求真理""求善美"和"为他人"。我非常确信的是这棵本性的小芽是在实验期间种下种子的。

我人生中最重要的一些选择，都是一些非路径依赖且非共识的，但又是长期正确且重要的选择，事后回想起来这些选择跟我在实验时的经历又是如此相似。我早在15岁时就尝试备考过少年班，校长很支持我，把我安排到高三的班里跟着一堆哥哥姐姐一起学习。每个人都和我不一样，但我并不害怕，我知道自己要的是什么。这也让我早在15岁就对长期的人生做出了独立的思考和选择。这份经历我相信在实验以外的学校很难获得。

"求真理"得益于实验充分的自由，我在实验上过几乎全部的特需类数理课程。从初中每天放学后的数理竞赛班，到高中的数学建模竞赛，再到自己平时爱翻看的大学物理书籍，实验将我从应试教育的内卷中解放出来，给了我大把的时间探索和做自己感兴趣的事情。我从初中到高中遇到的每一位课内外的理科老师，潘老师、路老师、陈老师、钟老师、马老师，对于我好奇心重和有些调皮的性格都给了充分的爱护甚至纵容，也引导我去接触更深的知识和思考。

"求善美"是我在大学才逐渐感知，但早在实验便有所接触的。尽管具体的内容可能已比较模糊，但我能清晰地回忆起在校长的时文阅读课和班主任张丹老师的古诗文课上，读到美文时常有的感动。受限于年纪和人生阅历，徐红校长和张丹老师会循循善诱地引导我去思考，真善美自此牢牢地在我的心里扎根。尽管在当时这些课程的作用难以察觉，但工作后回想起来可能这部分的影响是最大的。

还有一件非常重要的事情是"为他人"，我在实验遇到的每位文科老师都是"性情中人"，我的很多老师都提到过这一点。这件事情我去北大后体会更深，"为他人的幸福拓展纵深"是我在"求自我"的路上最终想明白的一个道理，北大的教授和北大走出来的人无不如此践行。

以我现在的投资工作来说，最难的部分恰恰并不在于逻辑与数字分析，正直、善良、热忱的品德和价值观才是在这个行业一路走下去最重要的支撑。从实验毕业后，我一直小心翼翼地怀着这颗赤子之心继续我的人生之旅。

萌　　发

以我现在工作的资产管理行业来说，即使在北大，每年从光华管理学院金融硕士毕业就能加入的人少之又少，而我从计算机本科毕业后就加入了。可以确定的是，这在我四五百个同院同学中只有一个，因而我和绝大多数的同学在本科的时光中至少有两三年过的是完全不一样的生活。不同的课表、不同的时间精力、不同的思考的问题，这很艰难，同时又有些孤独。

但我对这个感觉不陌生，我早在实验的时候就有过15岁报考少年班的想法，当时校长把我安排到比我高两届的高三班级里和那些同学一起上课，那个时候我也和身边的每个人都不一样。基础教育阶段的课程一般都是固定的，笔直地通往高考这个终点。至于之后如何，一般就看每个人届时的选择了。

实验首先打开我思考的一个点是他的独特学制，每个初中学生本身就会少读一年，这让我发现原来这样一条雷打不动的路径也是可以有变化的。到了初三，一个有不少实验前辈尝试过的路径一下子激发了我的新想法——15岁报考少年班。这是我第一次开始思考既定的升学之路是否必要？为什么不可以少读两三年呢？我该追求怎样的教育和怎样的未来？我又该如何分配我的时间和规划我的路径？在当时我非常想成为科学家，综合考量之后我觉得这条路也是不错的。于是开始了自己规划和学习高中的课程，脱离了一般的基础教育路径。

这份经历让我在14岁的时候就踏上了思考自我的路。尽管当时思考很多未来的事情不会如同现在这样清晰，最后也未如愿去少年班，但这段经历和思考是我后来生活切切实实的财富，像一个影子一样伴随着我离开实验后的每一天。

到了北大，身边的同学都非常优秀、闪闪发光。有在"疯人院"——物理、数学、信科学院拿几乎满分的 GPA 的；有刚进大学不久就发出顶级学术期刊论文的；有在学生会和学生工作方面做得非常好，活跃在学生群体之间的。在北大，当要把一件事情做到极致，一般都需要 24 小时的投入，同时还需要一些天赋，因此选择和放弃就是必然的了。得益于我在实验的经历，我在中学的时候就意识到，如果做和大多数人一样的选择，没有道理不成为和每个人一样的人。因此我本能地就会去思考每个"理所当然"的事情的理所当然之所在：把时间花在和这些同学比拼试卷的分数上，或者在学生会做一个部长或会长，与我未来的个人价值实现如何联系起来？学生会，然后学工保研，然后呢？高 GPA，然后去读博，那我想做一个科学家或教授吗？我应该追求怎样的生活？

北大的平台宽广而有趣，鼓励独立精神与自由思想，我本科期间跑遍文理学院学了将近一百门课程。我到一位教授的实验室里尝试了理学院学生一般都会尝试的科研工作，但发现并不是我想要的。我开始思考更多的可能性，摆脱一切我周围的人可能会做的选择，没有任何局限，资产管理行业开始进入我的视野。

北大的平台只有不曾发现的，并无她没有的。在学院为我安排的毕业必需课程之外，我自己在经济学院学习了经济和财务课程，打下了必需的基础；也去管理学院接触到了世界上最顶级的投资人在北大的开课分享，学习到了实践部分的宝贵经验；在文学部学习了历史系各文科院系老师带来的精彩课程，它们在投资研究所需要的学术精神，以及未来所需的一些精神家园方面给我带来了丰富的宝藏；又去各个理学院学习了一些基础的原理课程，使我后来做各行各业研究时也不会为专业知识的门槛感到害怕。自己计算机系的课程不必多说，我也非常喜欢和享受。此外我也去国贸、亮马桥的投资机构实习，往返于北京的西北和东南。生活"塞"得很满，跟我身边的每个人都不一样，但我也不会觉得太害怕或孤独，对我来说这早就是很习惯的事情。

到了毕业前一年，我如愿在暑期实习中顺利通过答辩，进入了现在的机构工作。

学生视角　未来愿景

依然在路上

我现在工作的资产管理行业对于人对世界的认知、思维、成熟度、决策力等都有很高的要求，工作中接触到的都是国内各行各业最优秀的企业的高管层，因此对大多数人来说是职业终点。在国外一般是MBA（工商管理硕士）毕业后做的工作，在国内也不例外。坐在我前方和右方的同事比我年长6岁，坐在我后方的同事比我年长15岁。这就像我初中在外面上竞赛班时总比别的同学小1岁，也像我在备考少年班时总比别的同学小3岁，也像我和北大证券投资协会和光华的金融硕士学生们坐在一起时总比他们小三五岁。

在讲究内在价值和市场价格的价值投资世界中，投资人的工作是深刻地洞察事物本质、认知它的内在价值，这是我的性格中求真理的部分；

好的投资往往与好的价值观、好的企业家、好的行业、好的企业相伴，这是我性格中求善美的部分；

市场短期无效而长期有效，让这份工作在审视个人认知是否正确上永远不会迟到，推动人不断地进化，这是我性格中求流水行云、日进不已的部分；

价值投资往往带一些逆向投资和人弃我取的成分，但也不会离世界太远，似一个旁观者又似一个参与者，这是我性格中求和而不同的部分；

买方工作求真实不求名，这是我性格中求独求隐的部分；

让资金投向最为社会实现价值创造的一批企业，并且投资的收益又能为非常庞大的持有人群体带来他们奋斗一生积累的财富的增值，又能让我"为他人"。

这样一份让我非常喜欢的工作，如果按照大学里的课表和同学的做法学习发展，我一定找不到它。但我已经学会了为自己设计自己的"特需课程"，也学会了规划自己的"学制"，作为一个实验出来的孩子它一点儿都不陌生。

我仍然带着实验给我的宝藏，继续我求真理、求善美、为他人的人生，这已经是我工作和生活的基本信念。如果未来继续做投资工作，我希望有机会成为一位养老金或社保基金的基金管理人，一面在市场中完成我的价值发现工作，一面为最广大群体的长期幸福做出一点我力所能及的贡献。

第15位　2015届　王天

学生简介

王天同学2009年考入实验学校初中部,2015年高中毕业,是十一年制的上实优秀毕业生。2015—2019年在北京大学就读,获得金融学、计算机科学与技术双学士学位,2019—2020年在美国哥伦比亚大学就读,获得数据科学硕士学位。毕业后在美国亚马逊子公司Audible担任数据科学家。

老师视角　老师眼中的你

人小志气大的学生代言人

这是在学校大堂柱子上的一段颁奖辞:"他的成长,如同蝴蝶的蜕变,带给自己与他身边的人无数惊喜。他乐于且善于听取他人意见,并改善自身。'高效'是他极强组织管理才能的体现,'多面'是他各方面细心兼顾的诠释。他用乐观点燃他人的热情,用细心完成了本职工作,用才能赢得了他人的肯定!"

初　见

初见王天同学是在高一模拟联合国的拓展课上,小小的个子,一脸稚气,作为我校十一年制的学生,他年龄比部分同学小,让人怎么也不会把他与学校模拟联合国社团的团长联系在一起。但就是这个阳光的小男生,在第一堂课就让我感受到了他的与众不同。记得当时我课上在讨论的是二十国财长会议,主题是欧债危机,王天代表的是德国。作为高一学生,更多的同学仅从自己代表的国家去谈对债务危机的理解,而他却从三个方面,即美元的不振是导致世界金融危机的主要原因,而欧元危机的解决也颇为重要,以及急需提升新兴经济体(如中国货币的国际地位),提出"三币分立"

才能有效地稳定世界经济的观点。这种周全的考虑及深度的思考,顿时让我对他刮目相看。我心中认定,基于这孩子对时政热点的思考广度和深度、对政治经济问题的敏感和兴趣,如果好好培养,将来一定是个突出人才。

了　　解

转眼到了高二"3+1"选班,如我所料,王天选择了他喜欢的政治,我有幸成了他的"+1"课老师。课上,他才思敏捷,总能根据我讲的知识提出问题,频频与我互动。课堂生成虽然给了我更多挑战,但有这样的学生同样也促进我的发展,让我在课上灵感迸发,深度和广度都超过预设,师生都收获更多。自然的,王天也就成了政治"+1"学生中的领军人物。

作为政治班里成绩最稳定也最为突出的一位学生,他也是跑我办公室最勤、请教问题最多的学生。渐渐地,我们除了聊知识,也聊学习方法和未来理想。随着对他了解的深入,我发现他的学习效率和学习方法与其他同学不同。作为各科成绩都排名年级前十的学生,他告诉我从小到大从未在外补过课,我很好奇他为什么能这么优秀。他告诉我:"林老师,我也没有特殊的方法,只是认真听好每一节课并做好笔记,回家进一步消化吸收,自己系统地完成精选练习,有问题及时请教老师,仅此而已。"对于王天同学的学习效率,我也亲自见证过。记得那是一模考试后的二轮复习,当时同学们手头上有一本复习用书,我课上来不及精讲,很多同学就把它扔在一边。但两周后的一天,王天却拿着这本书来向我问问题,让我意想不到的是,他竟然把整本书从头到尾复习好,并且完成了里面的所有题目,把有疑问的地方标注好再与我探讨,这样的学习能力和效率,成绩哪有不好的道理!相比时下的很多学生,学习都由家长和老师安排,疲于奔波却都是被动学习,效率低下。王天这种自主学习的意识和能力,在现在全民焦虑、教育"内卷"的社会尤为可贵,这也正是他出类拔萃的原因。

与大部分同学走一步算一步不同,王天同学从高一开始就有明确的目标,他的理想是学经济管理,目标是北京大学的光华管理学院(亚太地区最优秀的商学院之一)。当然,第二选择是美国的麻省理工学院。所以,他冲着这个目标做好两手准备,付出比其他人更多的努力。高二时,他的SAT考试拿到2 100的高分,国外的好多知名大学向他递来橄榄枝,但北大光华管理学院作为他的第一选择正等着他去挑战!记得高二暑假他应邀参加北大夏令营,他的能力和博学给学校留下深刻印象,高三的北大自主招生考试和面试也十分顺利。他告诉我,面试的每一个问题他都能侃侃而谈,这跟他模联的经历和政治课上的时政积淀是分不开的！就这样，他顺利拿到了北大加三十分的入场券！

见　　证

这是见证奇迹的一刻，2015年6月23日，高考成绩出来了，王天同学以总分520分的高分，被北大光华管理学院录取。所有的人都以为他考上理想大学后，暑假总会好好放松一下了。我问他假期有什么安排时，他说的不是去哪里旅游，而是说他想利用假期自学高等数学，为大学学习做充分准备！因为他知道北大是人才济济的地方，充实自己，才能照亮别人！他就是王天，一个与众不同、人小志气大的实验学校代言人！相信不久的将来，他会让我们见证更多的奇迹！

——林冬青老师

学生视角　你眼中的"实验"

我对母校的最深感受可能和每一位实验学子一样，那就是因材施教，而且母校能够提供丰富多样的教学资源和活动供具有不同才能的学生茁壮成长。

回想高二选择政治作为高考"＋1"学科的时候，我是很紧张的。这在六班是一个相当"异类"的选择，我不知道老师们是否会支持，也不知道政治班的学习能否支撑我考上理想的大学。但我的顾虑是多余的，班主任陈珺珺老师就非常支持我做的决定，我印象特别深刻的是在交表的那天，做眼保健操的时候，陈老师走进教室，走到我身边对我说："王天你选政治啊！你很聪明的嘛！"陈老师非常欣赏我能根据自己的实际情况做出对自己最好的选择。林冬青老师更是对我选政治非常支持，老师们的支持更坚定了我的选择。现在回忆起来，在实验我总能得到很多的鼓励，可以完全遵从自己的内心，这是非常幸运的！

在政治班一年半的学习所得，也远远超出我预期。林老师非常认真负责，我至今还特别清楚地记得，高二暑假的作业是林老师为我们精心整理的、厚厚的一本模拟题分题型校本题库。暑假做完整套题库使我对题型、课本内容的理解上了好几个台阶。课堂上，林老师特别擅长用生活中的例子去讲解知识，也很鼓励我们去发表观点，让我们课堂的氛围一直保持在很和谐、很积极的状态。政治班的所有同学都非常努力，班上形成了非常好的学习氛围，高中阶段的政治课学习为我后来学习金融管理专业奠定了扎实的基础。我非常庆幸我当时选择了政治。

学生视角　未来愿景

从北大主修经管转向现在的数据科学的主要原因，是我在本科的学习和实习过程中发现做金融是一个偏务虚的工作，是需要有社会经验和社会认知的沉淀的，而这恰恰是大学学习不能给予的。我记得实习的时候，我的老板曾经和我分享过："投资应该是一个人的最后一份工作。"另一方面，我大一的时候去旁听了一些计算机课程，很感兴趣，到大二的时候开始选修计算机科学与技术双学位，接触了一些与机器学习、数据挖掘相关的课程，觉得很有意思，慢慢地就转向了现在的方向。

我目前在亚马逊子公司Audible的工作，负责搭建模型解决这样一个问题：什么样的内容能更好地满足客户的需求，从而满足和挽留用户？这是一个蛮有挑战的问题，我学到了很多技术上的知识和解决问题的思维方法。现在组里的同事也都是哈佛UCLA的博士，从他们身上我也学到很多不一样的方法论，与一群优秀的同事共事，进步很大！

未来希望能够继续在现在的岗位上，运用在大学期间所学的专业知识，在数据中挖掘价值，指引公司在有声书投资上的决策，为消费者提供更多、更优质的内容。也希望能够继续拓宽自己的能力与知识边界，做更多有趣的事情，回报社会和母校！

第16位　2016届　王可达

学生简介

王可达,2000年生于上海奉贤。2006年进入上海市实验学校小学部,2010年进入初中部,2013年进入高中部,2016年毕业。

在校时参与多项特需课程,期间设计了综合楼"数学建模中心"。参演校本课程年度话剧《商鞅》(2015),参加多项语文学科竞赛(如上海市古诗文竞赛、作文竞赛)均获一等奖,并多次代表实验学校参与团体决赛。参加复旦大学"博学杯"历史论文比赛,获一等奖(此后一等奖曾长期空缺)。曾获年度"最有影响力学生"的称号。

2016年考入北京大学考古系,专攻建筑考古。就读期间,数十次在全国各地进行文物调查与保护。担任北京大学博物馆设计组负责人,参与多项展览的策划和设计。作为燕园文化遗产保护协会负责人,保护了多座面临拆除危机的历史建筑。发表多篇学术文章,获"五四"奖学金、"三好学生"等荣誉。

自2018年起多次担任策展人。2020—2021年驻苏州作田野调查一年,足迹遍及各个村落、古镇,成果呈现在"世间乐土——吴县文物数字展"(吴中博物馆,2021)和《世间乐土——江南日常生活风景》(北京大学出版社,2022)。2021年夏,赴东北考察1910年东北大鼠疫遗迹,拍摄纪录片《拯救东北1910》。

现就读于宾夕法尼亚大学,师从宾大博物馆东亚部主任、建筑考古泰斗Nancy Steinhardt教授。该校以收藏和研究中国文物闻名,也是梁思成、林徽因的母校。

老师视角　老师眼中的你

因为在乎，所以可达

在实验，有个性的孩子数不胜数，但无论你从什么维度去列举，王可达一定是不可能被遗漏的那一个。王可达这样的孩子，自带光芒，到哪里都是人中翘楚，他在实验的求学经历有太多回忆值得咀嚼和珍藏。今天我们把这些故事记下来，或许等到将来他长大了，回过头来想起一些岁月的点滴，会记起曾经身边还有我们，在那里伫立，注目，守望……

打破刻板印象

在正式接触他之前，"王可达"这个名字，可谓如雷贯耳。如果你去他小学和初中班主任、任课老师那里打听一下，十有八九他们是从一个感叹词开始的："他呀，哦呦——……"然后伴随着长长的尾音和夸张的表情，桩桩件件稀奇古怪、特立独行的事情被眉飞色舞地引述。人应该是不断成熟与发展的，不能因为他年少的青涩与鲁莽就对他有刻板印象。然而，引述的事情也不是空穴来风，所以这个学生的个性之强是有目共睹的。

这只是一方面。随着深入接触，他的优点也是显而易见的：字迹娟秀，是这一届学生里字写得最漂亮的；博览群书，文章也是这一届学生里写得最好的。听说，他还在极短的时间里为了纪念初中结业制作了一部名为《当年十三》的微电影，备受好评，说明他是个性情中人，对与文学相关的影视领域同样表现出浓厚的兴趣，可见创意的想法是丰富的，审美的情趣是多元的。当然，他还是学校最最著名的PPT制作好手，号称"初中部的一块牌子"，许多的展示作品是经由他之手加工润色的，是个"技术男"。然而，鉴于刚才提到的诸多优点，他又不止于一个"技术男"。

他和他高中语文老师的初次交往纯属意外。当时高中部要做一个德育方面的数字化故事在全校展映，谁也没做过，谁也不知道怎么做。在大致制定了方案后，老师准备剧本，他准备媒体素材。合作进行得非常顺利，他在讨论中不时迸发出一些新的创意和想法，常常令人拍案叫绝。在合作中，他的另外两个特征也逐渐显现：一是对细节精益求精，比如配乐节奏的快慢、旋律的起伏要和故事的行进严丝合缝，不容许有一丁点儿的违和;二是对自己的主张非常坚持,审美的东西是因人而异的,老师可以提建议,也可以下结论,但是如果遇到他强烈主张的部分,即使有的地方明显表现出青年人的不成熟,他也会想方设法说服老师。

在制作的过程中,他还委婉表达了一点,大意是进入高中之后,他想多"为自己"做点事,表现出较为强烈的自主意识,这在一般的新高一学生中是不太多见的。交流渐渐深入,他也谈到制作《当年十三》时候遇到的诸多来自同学的阻力。他争强好胜,但是在处理人际关系上不够成熟,这也应该是他成长的必修课。不过,话说回来,哪一个有才华的人不恃才傲物?

好问爱学术的学习者

理科班学生上历史课,虽然回答问题很有自己的想法,常有热烈的反应,但是随时想提问的同学其实也很罕见。王可达不仅喜欢上家常课提问题,就连历史"＋1"复习课,也三不五时提问题,而且提的问题不仅与高考没啥关系,还经常挺复杂。不仅上课,他还会在微信群中私下向历史老师提问题。例如:

中国历史上第一个王到底应该是禹还是启(他指出书上没讲清楚)?

"青铜时代"和"奴隶社会"在时间上是否几乎完全吻合?

"家天下"是指"私有"还是"世袭"?

……

这些个问题高考都不涉及,有的问题史学家也还未定论,所以教材回避。他的问题经常涉及范围广泛,很能体现他对历史是真的感兴趣,并且真看了不少新旧观点不同的历史书籍,对书上模糊的地方能够及时发现,而且还特别注重概念、观点的区分,提出质疑。学科兴趣、学养积累、独立思考都有了,才能提出这些虽仍稚嫩但很有价值的问题。

老师耐心地给他分析,也在微信中与他进行了剖析,但是他依旧没有罢休,还要与老师进行电话探讨,非得搞个明白。长久以后,带着七八分感悟、两三分疑惑不甘不愿地结束了我们的讨论。多年后,他曾告诉老师,在实验学校接受的史学知识,领悟的"史才、史学、史识、史德"的精神,潜移默化地影响了他建立时空框架、辨析比较史料、注重史源、"知人论世"等史学思想。他实在是个对探究有极大热情的学生,适合搞学问!

现在的老师其实缺乏足够的时间,与课业缠身的学生进行深入的面谈交流。微信对教师而言,确实是一个很好的探讨与观察平台。在微信群中,能够看到他又第二次参加上海博物馆的"我看博物馆"征文评选活动。这次虽已不再新鲜,他却同样积极,为能到外地文物考察而鼓舞。这类对文化表现出异乎寻常热情的学生确实不常见。

还能看到他在2015年最炎热的盛夏7月,参加北大考古夏令营,体验田野考古活动。置身更酷热的文物坑中,他非但不觉其苦,还为真的看见与尝试挖掘文物兴奋不已。

他喜欢有难度的学术挑战。在田金宗老师的国际关系类拓展课上,田老师对他做的南美游击队方面国际关系的研究表示极大的赞赏,认为他有极好的问题意识,对阅读信息的敏感度、对过程细节的完整把握和思考,超越了中学生应有的水准,且表现出异乎寻常的兴趣。

兴趣广泛与挑战多元

王可达不仅爱历史,还爱文学和美术,读王尔德和聂鲁达的诗歌,关心学术讲座,参加艺术展览……显示出对文化的广泛兴趣。与之相对的是,上课经常打盹儿,作业经常缺交,历史基础知识经常不背诵……同时,对于书本、同学或者老师的观点提出了无数次质疑,看完了上百本书,写了十来篇文质皆美的文章,不定期地利用学科活动或正经或娱乐地吸引同学们的眼球,参加了几次市级区级的学科竞赛,得了几个一二等奖……而已。而已?是的,而已。上述所说,如果放在一般同学身上,你会觉得很惊讶,但是在他身上,老师觉得很正常。背书有问题,作业有问题,这实在不是我们熟悉的好学生标准模板。规格齐整的好学生,经常是学业全面发展,听课作业认真,学习按部就班计划性强,成绩优秀,从校长到班主任都特别喜欢,稳重靠得住。这类学生在我们这样的好学校倒也蛮常见的。一下课就讨论数学、物理题的学神、学霸层出不穷,虽也不同于常人,却也不是稀有物种。但是,这就是王可达的成长方式,也应该是所有有独特个性的学生的成长方式。他始终是个爱学习的人,虽然出于学校教育者的立场,要努力迫使他扎实掌握基础知识,但内心也尊重他的自由思想、他的不羁个性。他需要空间,需要自由,需要关注,需要尊重,需要激励,需要荣誉,老师所做的,不是放任,不是纵容,而是关注,宽容,支持,等待。

高二语文TFT话剧课程进入年度大戏的排演阶段。剧目定下来了——大型历史话剧《商鞅》。时间紧、任务重、台词难、要求高,两位导演倾力相助。对于从未涉足的话剧领域,王可达自然是信心满满、跃跃欲试的。因为他有PPT专长,老师一开始打算让他负责幕后。导演给大家初步定了角色,师生们围坐在一起讨论对于改编剧本的感受。他一语道破了剧本的软肋:改编剧本中改得最出彩的是左右商鞅与秦国命运的老臣公子虔,而非商鞅。他一方面引经据典,谈到了《商君列传》的内容,以此来佐证他的观点;另一方面,他也很乐意尝试这一角色的出演,并对人物的处理提出了自己的见解。这一番话,让导演刮目相看,导演没有想到一个从来没有话剧经验的学生会凭直觉这样评价剧本与人物,一下子对他有了深深的好感。

可是好事多磨,事与愿违。王可达的形体、台词、动作、气场,都与人物预设产生了些许出入,虽然他一遍又一遍地模仿、练习,就是没办法做到老练、沉稳、威严与有震慑力。不是他不认真,不认真肯定演不好戏,但演戏不完全靠认真。随着其他同学慢慢进入角色,他有些茫然。加之另一位出演公子虔的同学十足的气场和优秀的台词水平,他也逐渐意识到演戏不是自己的专长。

他的专长在哪里?舞台设计、宣传片制作、海报设计。导演在看到他的舞台背景之后,居然动了回去说服大学学院院长引进一套PPT舞台背景的念头,你可以想见,他的背景与动画做得多么鲜活逼真。至于宣传片,看过的人没有不觉得惊艳的,意境雄浑、苍茫悠远、构图严谨、大气庄严、人物鲜明、姿态各异、音乐低缓、慷慨悲壮。难怪导演看后感叹:"外面商演的宣传片做得也不过如此。你们要好好演,不然对不住这么好的宣传片。"宣传片一出,万众翘首,网上点击率节节攀升。之后,演员对于细节的精雕细刻、导演对于舞美灯光的创意念头、全剧组人员对于演出成功的满满信心、观众要求一演再演的强烈愿望、官方对于在中小学推广戏剧课程的范例依托……多多少少都由此而来。所以,没有王可达,《商鞅》便会逊色不少,《商鞅》的成功,离不开王可达的付出。

学生的能力,人的价值是需要多元开发的。挑战的确有风险,但是没有挑战,便没有意外的收获与成功。这一段经历,让王可达全面开掘了自身的潜力,更加客观地评价了自己的能力,再次证明了自己的实力,突破了自己的影响力。这些,比之成功塑造一个人物应该得益更多。老师充分相信,他做这些,完完全全是出于对于戏剧的喜爱,对于《商鞅》的热忱,从来没有想过"为自己"。他最珍爱一张定妆照,照片上的公子虔苍首长髯、目光如炬。

后来高三了,《商鞅》应邀参加第二届上海市中小学戏剧邀请赛,饰演公子虔A角的同学已然毕业,王可达在繁重的各类学科竞赛任务中二话没说,参演公子虔。

高三前一阶段,王可达全身心地投入他特需课程的选题内容,学校新建的科创大楼的室内设计中。数学建模实验室整整一层楼的色调选择、光源布设、桌椅摆放、墙面装饰、历史陈列……都是他一个人设计、整合完成的。他是我校十年制的学生,那年刚刚16岁。

执着己见与游刃有余

高三如期而至,全体师生进入积极备考的阶段。有一天的课上,师生们讨论2015年静安区的一模卷,现代文二选了法国作家都德的一篇青春爱情主题的散文《繁星》。中间有一道题,题目节选了柳鸣九和金龙格两位翻译大家的译文,问学生更喜欢哪一种,并说说理由。从命题的角度来说,这是一道好题,题目有很大的开阖度,也非常考验学生的语言敏感度、审美鉴赏力和评价力。本来,青春爱情主题的散文在模卷中就很少见,加之学生们懵懂羞涩,在讨论时就私语窃笑不止。毫无征兆的,王可达忽然从座位上站起来(本来好像是趴在桌上假寐来着),从教室后门走了出去……大家都目送他走出去,一时间整间教室充满了静默,室外的深秋的夜色也就这么氤氲进来……

后来老师问他为什么反应这么激烈,他说:"都德是我最喜欢的作家,《繁星》是我最喜欢的文章,我不能容忍出题的人将这么好的文章删改糟蹋成这样。"他还说:"柳鸣九是什么文化背景,金龙格是什么文化背景,怎么可以这么草率地指摘他们译文的优劣呢?老师,我实在不能接受……"老师试图说服他,但细细想来,理由是多么的苍白与可笑。其实,这是他惯常的思维定式,写文章也是这样,他总是喜欢从文化渊源起笔,写着写着就冗长拖沓了,导致在有限的字数里,文章思维缺少深入的空间。

你也许会想,高三了,王可达这回该严阵以待了吧——他忙得很!文科能力一旦高到一定水平,相关学科就会融会贯通,全面开花。英语、历史各学科高级别、高水准的竞赛纷至沓来,其他学生往往会顾此失彼、手忙脚乱。他呢,淡定从容、游刃有余。某天,他参加完了市作文竞赛,在微信上发了一张华师大的校园图片,并附字"春风蹄已踏,待看长安花",意思是要准备接下来的市古诗文竞赛了,而且信心满满。当然,他在这两项赛事中都拿了一等奖。时值他第二次参加学校"最有影响力学生的评选",老师又在微信朋友圈里转发了他的获奖作文,写上"踏踏看花归来时,盈盈芬芳满衣襟"。这样的交流,只有心领神会、高度默契的师生才能发生。

不仅如此,他居然还对复旦大学与复旦附中举办的文博大赛感兴趣,不惜花大量时间去图书馆阅读,与老师一起探讨细节,打磨一篇对他来说或许对升学用处不大的学术论文。这篇论文关注的是二战前后上海雕塑艺术的变迁发展，文字数量达五位数。从参赛要求看，字数严重超标，但他就是不愿多做删改。他认为，这篇论文好好锻炼了他查找、阅读中英文原始史料的能力，也是他第一篇严肃的学术论文，不能因为评奖要求而对完整的论述加以阉割。他的坚持是有道理的，优秀的论文被复旦大学的历史系教授评委大加赞赏，认为达到了硕士研究生论文的水平，被评为一等奖。这件事听说还产生了后续影响，复旦大学的学者评委此后固执地认为，一等奖就应该是这个水平，并以王可达的论文为标准，导致此后几年中一等奖一直空缺。

在拿奖的背后，他付出的比别人多得多，他不是单纯为了高考，也是"为自己"，但已经超出了功利的范畴，真正将志趣摆在了显要的位置上了。

特 别 在 乎

王可达要毕业了，他从小学部开始，可能是被老师们写得最多的个性学生了。如今他即将离开中学校园，与他最后聊聊天，或许会有以前想不到的收获吧！

说实话，聊天收获意外之喜。一次偶然的机会，我问他："在实验学校的小学，你是怎么适应的？"他想了想，回答说，感觉很轻松，没什么难的。而后，却又停下来想了一会儿，然后郑重补充说，在二三年级时，要特别抓紧数学，那时因为自己的放松，数学掉得很厉害。这件事一直影响到高中，到高三他还在担心数学的问题。这件事他以前从没说起过。回头想想发现，虽然他表面看上去对规矩满不在乎，好像很自我的样子，实际上却在乎自身处境的变化，并且会让这种外在变化影响自己的心理很长时间。表面不吸取教训的样子是一种掩饰，其实已经对自己产生很大的影响和刺激，却又不想让别人注意到变化的存在，表现出的就是不在乎。一到高中，热爱文史与艺术的他，居然积极参加数学建模特需，其动机之一可能就来自小学开始的挫折。

这是一个乍一看很有礼貌，稍了解却发现很傲娇，深交后却发现内心其实很在乎的可爱男孩。

聊天继续深入，聊的是他考进北大后的焦虑。他进的是考古专业，大学同学已经联系上，组成一个群，其中牛人很多，不少国学底子深厚，古文字、训诂等早有涉猎，颇具水准，这使他心里很没底，落差也不小。其实他自己看事物视角独特而广阔，观念开放理性，有自己的长处，却在担心自己因不同学习经历形成的短板不如人。老师给他做了对自己认识的分析，也更强烈看到他的在乎。

他在乎的是什么？根据他的其他情形,他在乎的应该是在群体中的位置与身份,对他来说,如果失去群体中被关注的中心地位,那将是他的灾难吧!

他还咨询老师学业深造的问题:在考古学专业外应该选择辅修艺术还是城市建造设计?进入北大学习后是争取直博后出国还是出国读博?在选择方面,他想得特别仔细,也特别早,颇得"预则立"的精髓。这让老师想起他当年进高中就选择数学建模,预先评估再做出科学乃至精准的决策,是他规划自己人生的一贯思路。而从他的审慎态度,也能看到他对成功的在乎。

这种在乎,如果遇到失败或挫折,当然对他的打击会很大。或许会有人说,这样的人经不起失败。但是谁会喜欢挫折与失败呢?又有谁不想身处人群的中心,备受关注呢?只不过他比别人表现更强烈罢了。而因敬畏失败与挫折,意图让自己能够身处人群的中心,毫不退缩,努力规划与经营,光明正大地增强自身实力以达到自己的目的,那不是一个令人尊敬的生活强者应有的素质吗?

至于失败与挫折的不可避免,可能带来的伤害与打击,也是人生应有的阅历,需要的不是退缩闪避,而是遭遇困难时朋友的援助和家庭的保护。

特别在乎的人是愿意对自己和社会负责任的人,特别不在乎的人或许就要因为行为的不可预测,打上一个大大的问号。

过去,我们只关注到王可达的独特和卓越,但其实他现在的杰出更多来自他个性中强烈的在乎。这将影响他一生的道路和命运,不管是好的还是坏的。

来看看他很喜欢的王尔德的话:

> 你的错误不是你对生活所知甚少,而是你知道得太多了。你已把童年时期的曙光中所拥有的那种精美的花朵,纯洁的光,天真的希望的快乐远远地抛在后面了。你已迅捷地奔跑着,经过了浪漫进入了现实。你开始着迷于阴沟及里面生长的东西。

远 游 与 回 归

王可达的北大生涯是一种与历史的必然缘分。他回来母校的时候,人变得有些肥硕了。这不是因为吃得好,而是因为熬夜改变新陈代谢。因为他太喜欢自己要学习和研究的东西了。

当然，他回到母校与我们交谈时，还是有那种傲娇，为自己的专业成绩在系里数一数二而开心，也为自己不太想学的政治成绩堪堪及格而唠叨两句。其实，他还是那个在乎的人，但是已经洒脱一些了。至于聊起北方的古代建筑，则是一脸兴致勃勃，将历史与艺术结合起来，这是将他的两大爱好合一，实在是太合他的心意了。他还给自己起了一个绰号"古典建筑的学徒"，为此洋洋自得。2018年，他就在《文汇学人》上发表文章《礼堂：未建成的燕园圣殿》，文风与当年参加博学杯如出一辙，只是将雕塑改成了建筑。即使在读书，他也不时会回上海参加一些艺术史的展览，到上博办讲座。

和另一位喜爱历史的学生成律不同，他更富有才情，也更浪漫。成律是偏于理性的纯学术发展路线，而王可达却拥有更多感性的美学思维。他喜欢STS文博系列课程，喜欢上海博物馆，还感念实验学校教过他的所有历史老师和上博讲座老师，所以他撰写的第一本由北京大学出版社出版的著作《世间乐土：江南日常生活风景》，依旧围绕着江南地区古建筑展开，是他对家乡的熟稔与感情。

著作出版时，他已不在国内，到美国宾夕法尼亚大学跟随世界艺术史学家、建筑史泰斗Nancy Steinhardt教授继续读书去了，读的还是他喜欢的古建筑和考古学。朋友圈的日常，让身处东西半球的我们没有阻隔地情感交流。有时候一觉醒来，他就会用照片告诉我们前一天的行程，参观了哪个美术馆啊，考察了哪位设计师的建筑啊，凭吊了哪里的古战场啊……有时候，他也对一些时事发表感慨，于是我们的喜怒哀乐有了感同身受的碰撞。

偶然的机会，我们联系到他实验的同窗好友王韧，了解他的近况和对志业的追求。王韧向我们推荐了一期他做客的播客，题为《一座被挂牌保护的历史建筑如何一点点坍塌》，我完整地听完一个多小时的节目，推断这期节目应该是在他驻苏州作田野调查一年之后制作的。

在这期节目里，他谈到了他的古建保护的三个核心思想：如何更好地记录文物？如何更好地展示文物？如何用它来讲一个故事？他谈到了"吴中展"的一些实例，谈到了AI技术对学科的辅助，谈到了古建修复的困境。在节目的最后，他坚定地表达了要用"善良、真挚、热情、专业"的态度来对待他的专业，让思想在工具理性和价值理性之间权衡、切换，兼具冷静的头脑和热情的心，最终达到平衡理想与现实、将专业之路一路走下去的愿望。说出这样的话，我丝毫不惊讶：他还是原来的他，脱胎于实验，成熟于北大。既有他独特鲜明的个性，又有时代的语境和特征，还有难能可贵的学术探究的热情,更有长足发展的终极理想。对世界丰富性的感受力、人文关怀的精神自始至终支撑着他。他的好友评价他:"学术上,他给我留下深刻印象主要是三点,一个是注重实地考察,一个是脑内庞大的数据库,一个是文科生少有的结构化思维和逻辑性。有这样的青年才俊引领的领域,未来一定有光辉灿烂的前景。"

于他而言,他这一生的使命已经显见、可达!

王可达的故事未完待续,不知道接下来还有什么精彩的戏码会上演。我们只知道,因为前面已经有过的尝试和各种各样丰富的经历,他会有比别的学生更加多元的选择,更加自如与洒脱。我们也知道,王可达这样的学生,多少年也出不了一个,他太有个性了。我们还知道,只要有先进的理念、宽容的环境、正确的导向、多元的舞台,还会有更多像王可达这样成功的案例如雨后春笋般地涌现出来。

时光的流逝,没有冲淡曾经的师生情谊,翻看以前写他的文章,回忆起一些交往的生动的细节。我们和可达的故事并没有结束,我们时不时地会在现在的学生面前提起他,尤其到了高三备考训练的时候,总要谈起那一个"繁星"闪烁的晚上。学长的传奇故事总是引得学弟学妹们心驰神往,他们望着窗外闪闪烁烁的星空,想象着这间教室里曾经坐过的人和发生的事。其实,面前的这一批,一定会在前一批的感召下,在实验精神的感召下,在实验的星空里,闪闪发光。

——张勇男、佘文骅老师

学生视角 你眼中的"实验"

知美而处,向美而生

又到了一年的这个时节,按照传统,这是学长学姐们向学弟学妹们猛灌心灵鸡汤的时候。但我今天所要熬的并不是"心灵鸡汤"。今天我想与各位学弟学妹们分享的,想向各位为我十年来学习生活提供了莫大帮助和鼓舞的老师们汇报的,是我这十年的学业和实践中积累的一些小小的感悟。因此,严格说来,这并不是一壶"心灵鸡汤",而是一大盘"什锦汤",未必甘美,但保证正宗。

我首先想与学弟学妹们分享的是,十年的实验生活告诉了我,是美好造就了成功,而非成功反过来带来了美好。常有学弟学妹们来问我:是为了一篇论文无数次刷夜更有意义呢,还是保持良好的学习作息、稍稍减少一些课外研究更有意义呢?抑或,是得知自己的论文付梓出版的那一瞬间更美好呢,还是得到大学加分的通知更美好呢?

我常觉得这样的问题难以回答,因为什么东西更美好,唯一有资格判断的只有自己。而成功,就是不断地以实现自己心目中最美好的事情为目标而努力,并最终通过奋斗实现它。以外人强加的成功标准为尺度衡量出的美好,决不是真正意义上的美好;而与之相反,恰是实现自己心中最高的美好,才能叫作真正的成功。所以,科技创新、团队协作、文艺创作……任何积极的行动和成就,它们本身就足以被称为美好,而成功就是通过努力将它们实现。

然而,我还想说的是,为了长远的美好,我们有时需要暂时放弃眼前的美好。为了写出能拿到全市第一的历史论文,我们当然需要割舍一些和同学们高谈阔论(也即"吹牛")的时间,去图书馆老旧的书柜间翻阅一册又一册带有潮味的书籍。又比如说,创新精神、团队协作、追求效率这三点,都是我们所称许的价值,然而它们常常会相互矛盾:有时,为了团队精神的塑造和创新成果的突出,我们必须放慢进度,割舍眼前对效率的追求,慢工出细活去追求完美的品质。我们花了整整一百天才让数学建模中心项目最终成型,就是出于这一考虑。——更不用说,我们刚刚经历过的高三,就是一个在眼花缭乱的诸种美好与挑战间作出抉择的过程。为了在今年夏天的成功,我们在去年冬日于书斋中蛰伏——正如里尔克所说,开花是灿烂的,而我们要成熟。

但是,我们应当明白,有一些美好是无法割舍、无法被用于付出的。我们固然可以为了学习而"衣带渐宽终不悔",但美文、美景、美好的思考、实践与创新是否能被割舍?如果这些都被舍弃了的话,那么努力本身大概也就失去了目的和意义吧。

孔子说:"君子无终食之间违仁。"黄山谷说:"三日不读书,便觉语言无味,面目可憎。"可见在他们看来仁德或阅读正是一种不能被牺牲、被搁置的美好。我想这对今天的我们同样适用:在高三,也许可以缩减一些研究实践的时间,但创新精神与求新思考不能被缩减;也许可以占用一些摘录和创作的时间,但阅读与讨论的时间不应被占据;绘画和摄影的器材可以暂且先放下,但对生活中美的敏锐度却绝不能被搁置。

对于我们实验人而言,这种无法被搁置的美的核心,就是关于创新、探索和实践的实验精神,就是这种精神中所蕴藉培养的"兴趣、情趣、志趣"。是否拥有这些美好,直接决定着能否触及实验精神的灵魂与内核,直接决定着我们能否成为一个拥有独立健全人格的人。因为,这些最终极的美好,正是我们十年如一日奋斗与努力的目的本身。

最后,我想说的是,在实验,我们有最多的机会、最好的条件去接触美好的人和事。在学习生活的迷茫阶段我们可以遇到与我们一起作出抉择的老师和同学;在特需课程中我们可以接触到中学阶段最好的学习与学术资源;而在琳琅满目的学养和校本课程下,我们更是有机会零距离地接触到最前沿的知识、最深度的实践;就算不说这些,你也一定知道,在实验的樱花林里能看到更美的姑娘。美好在实验无处不在,如果你和我们一样,把思维质量的跃升、创新成果的被认可,当然还有一段前程锦绣的未来——把这些都当作人间的美好,你就会发现,从小学到高中,从 STS 到 TFT,从话剧到"四节",从学养、校本课程到特需课程,实验以其得天独厚的资源与环境、宽容而开放的氛围,再加上她的最精英最顶级的师生,正为我们提供比同龄人多得多的接触到美的窗口。

然而,即使是在这么一个充满美好的地方,美好仍需我们自己去主动争取,需要信念,需要判断力和洞察力,需要十年如一日的坚持。如果你每天都在图书馆里度日却只是在日复一日地刷题而从不阅读,不关心家事国事,没有独立的思考和批判意识;如果你有幸进入创新班却只是在特需课程时水论文;如果你在提交特需课程成果时只知道复制粘贴;如果你只把小学、中学、大学当作发财的跳板而非升华提炼精神与人格的圣殿——那么,这种对美好实质的无视与放弃,不仅会是阻挡我们成为更优秀的自己的障碍,更会是对实验给予我们的资源的不负责任。

我常觉得幸福,因为在实验的三千多天里,我觉得我的每一天都是美好的。但这种美好不仅仅来自一次次所谓的成功,更来自老师们的关怀与匡正,同学的帮助和鼓励,来自校内优秀的创新实践平台所给予我们的探寻美好的机会。即使是遇上了重大的坎坷,我也未曾停止思考与反省,抑或失去对生活中的美的信念。因此,同样的,亲爱的学弟学妹们,我所想要祝福你们的也是如此:愿你们在实验的每一天,不是生活在美好之中,就是走在追寻美好的路上。但请你一定要明白,这种美好不能仰赖施舍,而应求诸攀登的实验精神,求诸兴趣、情趣与志趣,求诸抉择、坚守与奋斗。

感激实验,感恩与实验一起走过的十年,感谢大家!

> **学生视角**　未来愿景

我的学术志向是成为一名具有现代视野的建筑考古学家。要达到这一目标,把自己埋在故纸堆里是不够的。在扎实的基本功的基础上,我还希望通过广泛的田野调查、高水平的写作、新媒体的制作能力,以及对计算机视觉、人工智能等新技术的理解,以著作、展览、模型、视频、App等多种方式,发掘古代中国遗迹的不朽之美与现代价值,推动东方建筑走向生活、走向世界。

在以上这些方面,实验学校带给我的审美意识、写作能力、设计和媒体技能、对古典文化的掌握,以及最重要的,对世界丰富性的感受力、人文关怀的精神,是我最宝贵的财富。

第17位 2016届 唐天意

学生简介

唐天意,2010年进入实验初中部,于2016年毕业。在校期间成绩良好,并积极参与各类年级及学校活动,如话剧演出、国旗下的演讲、毕业典礼主持等。本科进入北京大学信息科学技术学院主修计算机科学,于2020年毕业并进入哥伦比亚大学攻读金融工程硕士学位。

老师视角 老师眼中的你

唐天意同学是高一(6)班特需班的一位学生。接触过他的老师都对他有基本相同的印象:这学生成绩还过得去,可是他又不是一个很守规矩的人;平时嘻嘻哈哈的没个正形,作业也时不时拖拖拉拉地少交,上课也不够全神贯注。

确实是这样,他自己对这些事实并不否认。可是同时他也有一些不同于旁人的地方。

一者,他不限于学习学校的知识。据了解从初中开始,他就看一些略涉及专业知识的书籍,这些书通常都与学校的学科有关,但是却又不在学校知识的范畴内,用同学们的话说,"他又在看考试不考的东西了"。也许有人会说这并不奇怪,超前学一些高中知识是很正常的事情。可其实他所在看的,或许不只是初中不会考到,就算是往后的考试,甚至竞赛,都不会涉及。

按照他的说法,这些与考试无缘的东西是各个学科的很重要的部分,而学校学习的只是一小块。比如数学,"几何和代数完全不够组成真正的数学"。

说到数学,他对其有着与被别的同学们戏称为"理科男"的人不一样的喜爱。当别人乐此不疲地刷着高等数学时,他总是喜欢拿着一个似乎简单的图形,仔细地看着,从中发现着一些结论,形成一个个简单的小"定理";又或者,拿着圆规量角器在纸上作图,"把几何中对称的美淋漓尽致地发挥一下"。小学老师就有过感叹:"为什么你能用圆规在纸上画出那么漂亮的图案,就不能用扫帚在地上扫到它一半的水平呢?"那时他确实不怎么喜欢劳动。

同时他另一个令同学和老师们另眼相看的东西就是语言能力。下课时间,他总是与同学们聚在一起谈笑风生,有他的地方就不时有笑声;他有时拿别人"开涮",也从容淡定地在别人的"开涮"中全身而退,有时还能反过来"涮"一下本来准备开他玩笑的人。

他的语言能力不仅在课余时间给他带来快乐,也在一些正式的场合为他增光添彩。在英语公开课上,一段流利而轻松的英语演讲使不少前来听课的老师对他刮目相看从而记住了他;在班会课上他用幽默风趣的语言开安全讲座,人身安全、心理安全,那些本来枯燥无味的东西被加入了时新的笑点,让同学们在开怀大笑的同时也记住了这些本来听都不想听的知识。

他的头脑里似乎想法特别多。有些事情本来与他并不相干,他也会加入进去,为同学们想一些办法解决问题。这些办法确实起到了不小的作用,而他似乎也很光荣:"没办法,我就是一个那么喜欢出主意的人。"有时候方法不奏效,他也不忘自嘲一下:"唉,智商还是不够用啊。"他新颖的思考也常常出现在作文里,让语文老师评价"看见了思维的质量"。

他的性格很耿直,耿直之中有时却夹杂着一些理性。他遇见事情做出什么决定,是要"分类讨论"的。若是他这时能理性地看问题,结果通常不错;若他凭着冲动,那就不好说了。他自己也说:"我总是回忆过去的事情,然后想:啊,那时为什么要这么冲动。然后又碰到事情了,完了,又冲动了。"但他始终相信,有时"凭着感觉走"才对得起自己,只要别伤到别人就行了。他也因此鲜与同学老师有冲突,总是以笑脸面对别人,这也是为什么他似乎与所有人都合得来。

天意,是指上天的意思。就是这样一个看似并无什么特别之处的学生,却已经在规则之内闯出了一条不一样的道路。在学校教育之中,他依然保留着对学科本真的喜爱,没有陷在"题海"之中;同时对事物保持自己的思考,而不随波逐流。这样的不同,真的如他的名字一般,是天定的吗?恐怕他自己也没有一个明确的答案。

——于敏老师

学生视角　你眼中的"实验"

作为实验最与众不同的特色,实验的素养教育确实对我影响深远。这种影响不仅限于它在这六年间为我提升了哪些具体方面的素养，而更重要的是为我提供了一种对待未来人生规划与挑战的理念。

每每向他人提及实验的素养教育，提及以德智体美为主题的一年"四节"和只需申请获批就能每周进行一下午自由研究的特需课程，人们总是无一例外地立刻想到高考，然后作出这种教育方式一定是以成绩为代价的论断。但我所见证的恰恰相反——即使是前几年最醉心于课外研究而冷落了考试的同学，在最后的大考中依然能取得优异的成绩，最终进入心仪的学府。

这样的结果是有趣且具有启迪意义的。灵活广泛的自由涉猎，也许并非以生硬的应试指标为代价，而是一种没有针对指标进行过多特化、可以以不变应万变的"通解"。而想想高中之后面对的挑战：大学的绩点、工作的绩效、科研的因子，人生又何尝不是被一个个指标约束、由一段段"应试"组成的？而实验素养教育的成功使我相信，面对这些挑战，也都存在一种不必疲于追逐特化的指标、只需提升自我便能水到渠成的"通解"，而我也正在寻找与验证它的路上。

学生视角　未来愿景

无论是本科的计算机科学，还是硕士的金融工程项目，我所学习的都是以数学和计算机为绝对核心的课程。数学是一切科学所必需的工具，而计算机则是信息时代的基石。如今时代发展日新月异，无论是科研或是工作都有无数新的领域涌现，比起在一个细分领域走到极致，我更希望能先打造好这两把"万能钥匙"，成为一个能根据个人与时代的需求，在各个领域之间灵活转型与应变的"自由人"。

第18位　2016届　武光宇

学生简介

2010年进入上海市实验学校初中部，2016年于本校高中毕业后在上海纽约大学学习数据科学与商业金融，目前从哥伦比亚大学数据科学硕士项目毕业，即将在纽约大学瓦格纳公共政策学院读博。

武光宇为人正直坦诚，性格开朗乐观。在校期间曾任班长、学校团学联部长、学生社团社长。担任每一个职务时都能发挥自身组织管理能力，在老师和同学间建立良好的沟通桥梁，起到良好的示范带头作用。他学习成绩优秀，但他不满足于此，而以帮助他人为己任，常常能看到他与同学讨论问题、解答疑惑的身影。同时，武光宇同学非常注重身体锻炼，热爱长跑。在闲暇时间喜欢打乒乓球、羽毛球等。

全面发展的武光宇同学光荣地被评为"2015—2016学年上海市普通高中应届毕业生优秀团员"。

老师视角　老师眼中的你

"神一般的孩子"，曾有老师这样评价武光宇。

他神在哪儿呢？打开上海市实验学校网站，搜索词条"武光宇"便可寻到答案。英语、数学、化学、物理、政治、田径等各类竞赛的获奖名单中，都有他的名字；班会、迎新会、年级大会、学校科技节开幕式等各类活动，他担当主持人；他免试直升高中理科班；他是初中相声社的社长，又与同学一起创建了高中部JA学生公司……

自信、沉稳的"领头羊"

武光宇同学初中曾先后担任班长、学习委员，进入高中后担任学校首届创新班的班长。在为自己的工作与班级自豪的同时，他也感到有很重的责任。这种责任感始终伴随着他,也使他更加优秀,成为同学们心目中的榜样。

在课堂上,武光宇总是专注地听、认真地记、独立思考、提出问题。作业从不敷衍,在迟交作业的名单里,从来见不到他的名字。他不带着功利的目的读书,从不轻视每一门学科,不放弃任何一个拓宽视野的学习机会。

武光宇同学爱好广泛,知识面广,读了好多书,热爱经济学的他一有空就看艰深的经济学书籍。曾有同学感慨地说:"进实验是我的幸运,感恩实验的环境、实验的老师,也感恩能遇到爱读书的老班(武光宇是理科班的班长,理科班学生都称他为"老班"),有志同道合的朋友。"在课堂上,他总是乐于与同学分享他的所得,条分缕析、侃侃而谈,台下满是艳羡佩服的神情。

爱读书的他绝不是"刷题机器",但他的学习成绩就是优异。"神一般的孩子"一定有其过人之处,良好的习惯、高度的自制力、得当的方法、高效利用时间就是他的秘密武器。

在学生眼里,他就是难以超越的一座山。

创意无限的社团负责人

武光宇同学对创业创新也有着浓厚兴趣。他在高中期间的特需课程项目就是利用 TRIZ 发明理论*创新改进产品,还与同学合作创建了 JA 学生公司社团。

先做市场调查。武光宇与同伴合作,设计调查问卷。又交给指导老师,一次次修改,研究每一个问题的存废、每一个选项的设定,字斟句酌,三易其稿。回收有效问卷,精心做问卷分析。所写调查报告图表清晰明确,文字简洁明了,被聘请的校外辅导老师赞叹为"一份精致的调查报告"。

公司参与了 JA 青年成就的比赛,公司的产品与经营得到了专业人士的高度评价,在 2015 JA 中国学生公司大赛中获得了上海赛区第三名,顺利晋级全国决赛。优秀的武光宇有更多的发展机会,他参与全国中学生百强论坛进入前五名,并获邀去美国参与活动。两项活动时间冲突,只能缺席学生公司的全国大赛。缺席并未缺位,作为公司核心的他又开动脑筋,提出好的创意。在公司展示环节,穿越回古代的武光宇身着古装在视频里与现场的同学合力完成任务,配合得天衣无缝,给评委们留下了深刻印象,评委们也对公司给予了很高评价。不在现场的公司 CEO 武光宇,吸引到了

---

* TRIZ 是俄文的英文音译 Teoriya Resheniya Izobreatatelskikh Zadatch 的缩写,其英文全称是 Theory of the Solution of Inventive Problems(发明问题的解决理论)。是由前苏联科学家 G.S.阿奇舒勒和他的研究团队,于 1946 年到 1985 年研究的一套创新问题解决理论体系。从应用角度上来讲,TRIZ 是基于知识的、面向人的发明问题解决系统化方法学。其内容不仅包含了一些趋势的研究理论,还包含了各种问题解决的方法论,是一套解决创新问题的"工具包"。

比在场的CEO们还要多的注意力。

他带领社团全体成员们努力经营,两年后JA学生公司社团初步形成规模,并获得了"浦东新区明星社团"的称号。

表现专业的业余演员

大学霸还是有表演天赋的多面手。

学校每年都会上演一台学生主演的话剧。2015年,上海市实验学校话剧团年度大戏《商鞅》如火如荼地开始排演。

武光宇在《商鞅》中扮演秦国大臣公孙贾,在剧中与主角展开激烈论辩。平日温和恭谨的小武能演好这样一个角色吗?大戏上演,"公孙贾"上场。公孙贾位居高位之时,害贤之毒和爱才之心交织,有封建之念却并无卖国之意,表演让人赞叹。公孙贾沦为阶下囚时,小武拉长了声音,一举手一投足,将变法后守旧派大臣的落魄失意表现得淋漓尽致,让人印象深刻。

话剧在学校连演两场,又到兄弟学校展演。武光宇次次出演,次次得到好评。话剧《商鞅》在第二届上海市中小学戏剧邀请赛中获得了二等奖的好成绩。

热心公益、有国际视野的志愿者

他参加了2015年百强少年论坛,与上海各校的同学交流意见,并在最后的英文公众演讲活动中晋级五强,获得"杰出演讲者"称号。在参加2015年中美学生领袖峰会期间,武光宇同学与来自中美的大学生、高中生一道,探讨文化交流、国际合作等主题,了解不同文化,建立了国际友谊。

武光宇同学心系环保公益事业,他曾带领团队参加了中国青少年发展基金会发起的A-Action中国青少年公益创想活动,组织策划"绿色工厂"环保行动,让更多同学参与到垃圾回收、变废为宝的工作中来,激发了同学们参与环保工作的热情和创造力。他还参加了AIESEC[*]上海学生组织举办的青年绿色领袖论坛,与国际学生和上海各学校的环保爱好者一同探讨当今环保事业中的突出问题,并针对水污染问题提出了节水应用软件的创意解决方案。

——黄宁宁、姚谨老师

---

[*] AIESEC是法语"Association Internationale des Etudiants en Sciences Economiques et Commerciales"缩写,意为"国际经济学商学学生联合会"。

学生视角　你眼中的"实验"

在实验的六年时光是我人生路上一段极为宝贵的经历，在这里我种下了求知与创新的种子，影响着我一直以来的发展。上实的课程设置让我能在巩固基础知识的同时探索学科兴趣，为更长期的发展找到目标和方向。通过特需课程和自主课程，我能在日常学习外涉猎经济学和创新理论，为日后专业选择和工作实践做了铺垫。这其中离不开校内老师和学校邀请的行业导师给我的指导和帮助。老师们启发式的授课方式和教学的热情激励着我去深入理解和应用学到的知识，培养了我的求问精神，进而使我萌发出做学术的梦想。我高中期间在经济、文化、地理领域培养的兴趣，也帮助我发现了自己在数据科学与人文学科交叉领域的研究兴趣。

实验带给学生的绝不只是单纯学术和知识的成长，更是全面素养和多元化能力的发展。上实每年举行的"四节"和文化活动就让我在课余生活中充分培养了文化鉴赏、表现力和团队合作能力，收获的回忆和友谊更是中学生活的亮点。实验更是有着包容和鼓励创新的土壤，让我和志同道合的同学一起建立新的社团，并引导我们在社团活动中充分发挥出创意性和能动性，将自己的创意想法付诸实践。虽然过程中会经历挑战，但有这样的平台能和伙伴去试错和努力，本身就是难得的成长体验。我也有幸在这个过程中锻炼了组织领导能力，对日后的发展有很大帮助。

沟通合作和国际交流也是我在实验期间收获的重要能力之一。学校的交流访问活动和日常课程中对于表达与沟通能力的培养给我之后的学习生活带来许多助力。从西部山区到联合国，良好的沟通能力让我结识了新朋友、牵起了新纽带。国际交流的机会让我建立了跨文化沟通的自信心，公众演讲的锻炼更是帮助我深度参与各类活动，展现实验人的风采。

学生视角　未来愿景

目前我已从哥伦比亚大学硕士毕业，我计划继续深造，在纽约大学瓦格纳公共政策学院攻读城市科学和城市政策方向的博士。我希望能继续发扬我在实验培养的求知热情和多元能力，以数据科学方法探究复杂城市问题背后的原因，为城市向可持续化和宜居的方向发展做出一份自己的贡献。在未来的研究和工作中，我都期待能为上海和国内外城市可持续智慧发展贡献力量，与实验所有校友一道在各自领域发光发热。

第 19 位　2017 届　马沁怡

学生简介

2011 年进入上实初中部，2014 年通过"中三验收 370 考试"直升高中部，2017 年作为第一届新高考考生被复旦大学录取，2021 年获得生物技术专业荣誉学位，其间获国家奖学金（2018—2019 学年），并作为复旦大学第一届"卓博计划"成员直博，目前正开展有关器官发育中多胚层来源组分相互作用的研究。

老师视角　老师眼中的你

一个特别喜欢生命科学的孩子

2015 年 9 月，我接了高二(6)班的生命科学课，一个活泼的女孩进入了我的视线，她特需课的主题想研究酸奶。

我们聊起了相关话题，讨论了课题细节。

"你做过酸奶吗？"

"没有。"

"现在家庭自制酸奶也很方便，网上都买得到相关工具……"

我仔细介绍了相关细节，建议她先试试自己制作酸奶。

没过几天实验室出现了大批快递，她订的，都是相关实验要用的，包括制作酸奶的家庭设备，还有检测细菌的试剂等。当时创新实验室还没有造好，普通实验室有大量的学生实验，因此只能在普通实验室为她辟出一角，叮嘱她每次实验结束后将东西收好。我让她开个发票，她说不用报。

中午包括吃饭也只有一个小时的休息时间，她吃完饭就铺开来做她的酸奶了。

我抽空到实验室看她,她手忙脚乱,到处都是仪器和药品。消毒才做了一半,上课铃响了。"老师,我得去上课了,您帮我看着……"她给我布置了一堆事情,自己上课去了。我帮她把剩下的瓶子消毒好,顺便收拾了实验台,结果手上被染上了一下子根本洗不掉的蓝绿色,这孩子似乎到处都洒了她买的染色试剂!

放学后她又来了,我和她商讨了实验计划,包括时间的合理安排,要求她不能再像今天这样自己做一半,后面变成老师接着做。从此我看到一个毛手毛脚,不太会做事情的孩子在迅速地成长着。

创新实验室能用了,课题也进入了实质阶段——开始菌种的培养和筛选,要正规灭菌操作了。每次实验都要大段的时间,但白天要上课,只能将实验放在晚上。看着她的动手能力大有长进,我又忙得没有时间全程陪同,就把钥匙暂借给了她,让她一个人做,保持微信畅通,实时沟通汇报,她的家长也非常支持,开车在校门口等着,于是我放心地走了。

这样持续了几天,记得一次她说新的高压蒸汽灭菌锅不好用,我到实验室看到她正在费力地用自己带的卷筒纸擦地上漏出来的水,我说:"干嘛不用抹布或拖布?""对哦。"接着厕所的拖布出现在了实验室,我赶紧把领的新拖布和抹布放在显眼的地方。"在家里不做家务吗?""喜欢做,但妈妈不用我做。"最后检查下来还真的是新买的灭菌锅有问题。

在实验上她真是个肯投入、动脑筋、能干的好学生。还有一次我在微信上问话,她有近半小时没有回答,急得我差一点就要冲到学校了。原来她在接种,无法操作手机,虚惊一场!

后来学校知道了我留学生一人在实验室,下了禁令,实验中断。最后我想出了解决办法,利用学期刚结束这段时间连带放假的前几天,总算做完了相关的实验。

特需课也使她对生命科学的学习产生了浓厚的兴趣,有一次上课讲到有丝分裂,她告诉我说有一段 rap(说唱),老外唱的,讲有丝分裂讲得非常好。我让她立即到前面搜出来,在课堂上放给大家看,结果全班都感兴趣,连看了两遍!学生对这部分抽象的内容有了更深的理解,事半功倍。

微信群中,她也是活跃分子,提问题答疑都积极参与,还与同学们分享起了她的特需课结果:嗜酸乳杆菌与保加利亚乳杆菌和嗜热链球菌的组合(经典组合,市售酸奶中绝大多数会包括这两种)混合发酵出来的酸奶比单独发酵好喝。乳酸乳球菌有好几个亚种。其中双乙酰亚种一定程度上可以增加黏稠度,乳酸亚种和乳脂亚种与乳双歧杆菌混合发酵产品有异于传统酸奶的性质(比如有点像奶油),嗜酸乳杆菌单独发酵有一种清香。

"顺便一提,养细菌的时候,用如实酸奶稀释液培养的培养皿上杂菌总是最晚出现的。没有进一步分析原因有点可惜。有机会把这个实验再做完。"

高二结束时,一份像样的实验报告写好了,实验中还有许多创新和亮点,由此她申请了好几个美国知名大学,收到了录取通知。

高三结束时,她的生命科学等考成绩不出意料的是 A+,由于高考成绩优秀,复旦大学生命科学学院也向她伸出了橄榄枝,希望她留在国内,可以硕博连读!

毕业了,联系没断,截取几个交流的图,从中可以看到她对生命科学的热情,我相信她在生命科学探究的路上会走很远。

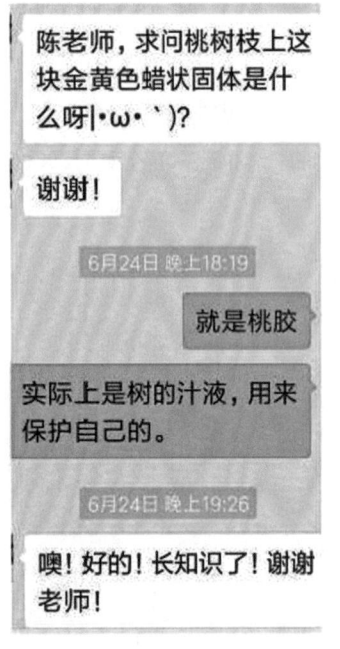

马沁怡是个各方面能力都很强的孩子,这次整理文章让我想起当年论文答辩时她做主持人的风采……几年不见,成长了很多,对教师的教学已有一定的见解了,未来可期。

还想起她当年给我抄写的一份有趣的文章,现找出来附在下面。

——陈景红老师

学生视角　你眼中的"实验"

有时候我会闭上眼睛，在曾经的时空里走上一遍：从校门到操场的路上樱花开着，有一枝花的枝丫从树干上伸了出来，我想了很久也没想明白；桃树会产桃胶则是毕业那年的夏天才知道的事。离开学校的那一天我写过，"从石榴开花到结果，似乎就在一瞬之间；彼时满树的青桃连同桃树上金黄的胶也在呼吸间被炙热的夏风窃去"，现在想来或许依然如此。

我想再仔细地回忆的时候，实验的人和事就像旋转着的万花筒里的景象向我涌来，那其中有在四到五楼楼梯口的窗子向下鸟瞰篮球场的事，有雾霾天里从高中部根本望不见对面的初中部的事，也有午后琴房里一小段我已经弹不出来的旋律循环往复的事。只不过奇怪的是，面对那些时光时我就像一个局外人。

我几乎只穿校服，总是第一个穿上冬季校服最后一个脱下。周末的时候，我打趣辅导班的老师每次都配同一条西装裤，他则会毫不客气地指出从没见我穿校服以外的衣服。冬季校服袖子里能藏得下作业本和试卷，袖子和帽子里能塞下笔、修正带、沙橡皮和手机，方便早晨逃去哪个角落里补作业。

可是我更喜欢在大家吃午饭的时间霸占书包柜的位置站着补作业。书包柜的高度正好，可利用面积远比我那一张桌子大。我桌面的左上角上总是堆着高高的一沓课本，翻着翻着它们就摊成叠瓦状，我就只好在高高的书山上写字。除此之外我对书包柜还有一种古怪的亲切感——我的那一格对我来说就像是园丁鸟的巢。我把银镜反应的试管（虽然当天就被我失手打碎了）和枯草杆菌的培养皿藏在里面，就像是园丁鸟叼来的五颜六色的玻璃、瓶盖、纸片、破布、金属丝、彩色毛线。

我的文化课成绩在我身边的人当中算不上优异，我心里总有一种仿佛是抗拒的情绪，但又说不上有什么其他明确目标，总之也就这么被推着走了。初中的时候高中部的学长出版了他的《冰晶之梦》，我读完了也兴冲冲地找他要签名，心里偷偷羡慕。到了高中，班里更是群英荟萃。前座常把物理学史当相声似的讲，在上课下课之间我跟他学会了讲许许多多乱七八糟的笑话，但始终没学会物理；前排离我半个教室远的姑娘画得一手好画，我时常想不明白她到底是怎么下的功夫；我也时常跟着大家一起去鉴赏同学的墨宝，不管是写在卷子上还是本子里的作文，又或是在"新帖绣罗襦"旁边特地注明的"金色鹧鸪"。总之，与其说我暗自羡慕大家的才能，不如说是羡慕他们对某些东西的"喜欢"，即使他们自己可能并不以为意。

这其中我说得上"喜欢"的，除了和几个朋友厮混，或许只有在综合楼和创新楼的生物实验室里待到九十点钟。老师们担心我太晚回家不安全，我只好从创新楼出来，盯着路灯感到意犹未尽。我的实验内容相当单一：配培养基、灭菌、倒平板、划线分离菌落、发酵，但我觉得很好玩儿，就像曾经搭乐高机器人、搭机器船一样好玩儿。即使是因为新买的压力灭菌锅把整个房间淹了得靠我修的时候，我依然很开心。

有时想起上实，我觉得她是在跟我说，你有很多时间，去漫无目的地玩，去喜欢去研究任何稀奇古怪的东西，去做梦。她也确实给了我足够多的时间——STS课程、艺术节和科技节、TI计算器的课，即使高中数学永远考不到平均分，但那是我第一次自己捣鼓出从圆的面积算球的体积的方法，我仍然为此感到自豪。还有中三的小论文，文章里我设想了一种能循环使用的快递包装，徐红校长在优秀小论文的颁奖仪式上鼓励我可以去申请专利。类似的设想在几年以后才出现在了市场上，虽然不是我做的，虽然后来的人也没能实现我当时的愿望，但我对当时告诉我我可以做梦，甚至如果我愿意可以亲手把梦变成现实的人始终感激。

上实允许我在此生长，许多意义上与《心灵奇旅》里"生之来处"颇为相似——在这里，每位老师都是陪着我找到"火花"的人。有天语文课上讲了《瓦尔登湖》，下课我就拿原文中的一段背给明姐充背课文的数去了。明姐问我为什么要背这段，我说没为什么，我觉得它写得好，她就笑着算我过了关。后来学生物的时候，陈老师也一样地宠着我。我有的时候一边学课内的知识一边翻英文书，偶尔也在教室里放一些拿三羧酸循环编的歌，她总是支持我的。我问许多许多相关的、无关的问题时是这样，在超净台前捣鼓乳酸菌的时候也是这样。

木木特殊一些——她是班主任，但更是读过我们每个人三年作文的人。我写东西总是头疼，时时觉得无从下笔。但所有形式的写作里读书笔记却除外，因为读书笔记不用像作文那样规划、措辞，只要让文字自然流动即可。但这对读者而言是极不友好的，作者完完全全地以自我为中心而写，在读者翻开书页的瞬间向对方扑去，絮叨个一整天。想到这里，我又格外期待起来，从交上那本厚厚的大黑本子开始就止不住地想着它什么时候会回到我手里，带着红色的波浪线、红色的符号和红色的批语——不仅是反馈本身，能得到木木墨宝的机会本来也少，而我尤其想从中偷些笔画来。

我学生物以后木木老是哀号，说我这是要把语文完完全全地落在身后了。可是毕业以后我突然意识到今后我再写任何东西，都不再有人给我写批语、给我圈圈画画了，于是一边感到写作的愿望落了空，一边感到害怕起来。

同样的感情使我总是不敢故地重游。实际上毕业以后我回去过实验一次，为了看高中部排演的话剧。我想起我的同级们站在报告厅的舞台上的情形，又想起毕业晚会时我站在台上的情形。我走在校园里，但总是在穿过新的一切时看到从前。我想那数年间的实验已经成为我生命中的一部分罢，即使我知道它的未来永远更加光明。

下雨的时候篮球场总是积了很多水坑，我摔进过其中一个。

雨停后，向校门外去，能见到如往日雨天一样的一大汪积水。恍惚间积水里映出来了很久以前，使人怔怔地要踏入溯洄的河流的传送门。没准一脚踩下去，飞溅水花真能把人拉回无数回忆之前呢？

但我们仍绕开水塘，向校外走去，一如往日，不如往日。

> **学生视角**　未来愿景

　　我回过神来的时候,已经毕业快五年了。这五年里我做到了许多我曾经没做到的事,比如拿到院系前三、专业第一的成绩,比如拿到国奖和荣誉学位,但其意义似乎也仅限于证明自己能做到这些事情为止了。我发现自己很难为类似的事感到兴奋,更不要说为此满足。

　　四五年前,我可能从来没有想过在不久的将来全盘推翻自己预定的目标:读一个把生物和医学、药学统统大乱炖在一起的专业,在某个名气还不错的学校拿个博士学位,然后就业,在企业里靠着学历赚一些钱。我也更不可能想到,背了几个礼拜也不能理解胚层发育的自己最后竟为发育生物学沦陷。或许一切只是因为,再想到这条"正确的"路时,我只感到疲惫。

　　而那些曾经且仍然能使我感到发自内心的兴奋的情形里,其中一种是得到我从未想过的答案。我曾经认为我的想象力足够天马行空了,但这种自信在读到第二年结束的时候就因为对生命的演化感到过于不可思议而被击穿,甚至宁可相信地球是唯一孕育生命的星球。从此,真正的未知落在了即使有再多参考和示例都不能让我凭空猜对的范畴,这使我对自然敬畏起来,但同时又不住地感到被吸引,即使我可能永远得不到那个回答。

　　另一种则是问出没有人回答过的问题。到了第三年,我终于从不知道该问什么、不知道还有什么可问迈出了一步,我开始问很多问题。它们有些听上去过于简单且理所当然,因此甚至显得愚蠢;有些又好似过于宏大,使人避之不及。但使我感到不可思议的是,其中有许多都全然被搁置一旁,直至今日还作为房间里的巨象矗立着。于是我不可抑制地想着,谁来回答它们呢?又会给出什么样的答案呢?

　　后来我发现这些情况不仅出现在实验室里,也会出现在我时不时地参与的一些科普或是助教的工作里。第一年和第二年的时候,我参加了一些科普活动。那时我还能信誓旦旦地解释许多看上去光怪陆离的现象,可到了第四年和第五年,我逐渐失去了这种勇气,每说一句话就要反问自己一句,"有没有可能并不是那样?"我认为对的,有没有可能不是那样?我认为不会发生的,有没有可能不是那样?

　　第五年的时候我担任了一门专业性极强的新生研讨课的助教。我不像授课老师有把握,也就决定不像他那样尽善尽美地解释每一个词和每一张图,我决定只是把别人怎么做的事实与逻辑摆在我的学生眼前,且辅以最少的细节信息。直到他们意识到,即使是公认的大科学家发表在顶级期刊上的文章里的结论也可以是被挑战甚至推翻的,我就甘心地退后,不再主动提出观点,而是引诱他们自由地对他们的问题提出新的问题了。

  我加入的第一个实验室的老师曾经在我面前摆出两条路:一是加入淘金,义无反顾地去向众人趋之若鹜的领域分一杯羹;二是提出一个没有人回答的问题,无论冷暖与否,为回答它不断耕耘,成为奠定一个领域的人。而我的愿望,是能够在最后对我曾问的问题与我曾得到的回答感到满足:如果不曾有人描述过,人们不知道还要花多久才能知道它们,而人类的知识里则不知道少了多少有趣的故事。

  我从实验毕业的那年,复旦的生物学家与援藏教师钟扬教授逝世,但我忘不了他在《播种未来》里说的那句话:"不是杰出者才做梦,而是善梦者才杰出。"只要心在不断飞翔,路就不断向前延伸。任何生命都有其结束的一天,但我毫不畏惧,因为我的学生会将科学探索之路延续,而我们采集的种子,也许会在几百年后的某一天生根发芽,到那时,不知会完成多少人的梦想。

第20位 2017届 唐一朝

学生简介

唐一朝，2011年进入上实初中部，2014年免试直升高中创新班，2017年高中毕业。在校期间，学习优秀，全面发展，曾获2016—2017学年上海市"三好学生"。

2017年高考以市实验最高分考入北京大学物理学院。

2021年录取为中科院理论物理研究所硕博连读生，已发表SCI论文两篇。

老师视角　老师眼中的你

唐同学是典型的理科高手，数理诸学科都得心应手，竞赛获奖不断。他对棋牌的狂热爱好也可视为一个旁证，经常忙里偷闲地进行身心放松。支持他"偷闲"的，是他高效的学习方法。

高一，我发现他不机械刷题，但对作业完成质量有很高要求，总是不断探索解决问题的新方法。同时，为求充分理解问题，他总是抓住一切机会与同学讨论，在讨论中共同成长。有时走进教室，甚至见他在黑板上编制题目，向物理老师"挑战"。优秀的能力加上钻研的劲头，使他除了学科课程与竞赛之外，还在综合性、应用性极强的数学建模比赛中屡获国际大奖。在建模负责人陈老师的建议和指导下，他和团队申报并获得了上海"明日科技之星"项目资金支持，通过数学建模，解决实际问题，最终通过答辩顺利结题，迈出了科研创新的第一步。

不过，他并不算偏科选手。虽然高一语文考试不太理想，但他只是不愿受到标准答案的束缚，答卷的字里行间都透出他对问题独特的思考。作为语文老师，我注意到他在随笔和读书报告中，无论题目是什么，总会不自觉地联想到他眼中的好科学、好教育。因此，他的文章虽非优秀的考场作文，却总是富有激情、希望突破。再仔细观察，发现他在生活中也对这些问题充满热情，经常与同学辩论探讨。原来他的人文思辨，往往是以科学教育这类话题作为切入点！我看到了机会，讲完语文课文《说数》，要求他一周之后从数学视角重新主讲这篇课文。同学们都很兴奋，他也干劲十足，精心准备，最终呈现了一节文理贯通的精彩课堂。到了高三，他借由"思想在高飞"系列大论文活动，历时3个月，彻底研究翻译《〈长恨歌〉全传》并作了序《灰色脑细胞》，把文本和他关于思辨的思想结合，将特需班的语文研究深度一下子拔高不少，而他自己也从此文从字顺，语文素养深厚很多。

此外，他还展现出责任感和奉献精神。作为数学课代表，他"好为人师"，总是积极帮助同学克服困难。对于制作班级回忆视频的任务，他"视若己出"，每学期都张罗着搜集素材，整理记录全班同学的点滴瞬间。每个学期的回忆视频，都诙谐幽默，青春洋溢，备受师生欢迎。这些作品至今仍为大家称道。

最优秀的学生绝不从俗——他的高考成绩那么好，北大数学和物理专业都抢他。但是他坚持要读北大物理而不是北大数学。作为班主任，我和他讨论过为什么不选数学，他的回答我至今记忆犹新，他说："我立志研究物理，我向往诺贝尔物理学奖。中国不缺一个搞数学的人，更不缺一大批打着本科数学旗号硕士却读经济的人，但是中国要发展，需要物理！"

其实，优秀的学生是德业兼修的，唐一朝的话让我真切地感到我们培养出了优秀的学生。

——朱琳老师

学生视角　你眼中的"实验"

回想起上实的读书时光，首先想到的就是丰富的各类活动。其中印象最深的，莫过于一年一度的社会考察。相较于其他学校的春秋游活动，社会考察时间长、距离远的特点一直让我感到自豪。无论是漫步在玄武湖畔，还是与牌友在宾馆挑灯夜战，都是极难忘的经历。然而考察毕竟不是旅游，考察的性质意味着大量课外学习机会，在园林和博物馆中感受风土人情，再加上充满挑战也充满乐趣的考察报告作业，都使我充分领略"读万卷书、行万里路"的魅力。

各类活动既提供了学习机会，也是同学们展能成志的舞台。这方面的代表是每学期"四节"的相关活动,除此之外,专业的社团活动也同样精彩。例如,初中时我参加相声社,在社会考察篝火晚会、相声专场、新生入学见面会等场合演出过几次,反响很好。据我观察,大部分同学都是通过相声认识我的。到了高中,我又参演了年度话剧《秀才与刽子手》,同时协助组织和宣传,真切当了一回"文艺工作者"。这些经历的一个副产品,就是培养了我从容的台风,间接帮助我更好地完成初中小论文答辩和高中特需课答辩,并使我受益至今。

良好的活动体验离不开团队合作,这也是上实教给我的重要一课。我还记得初中科技节的桥梁承重比赛,一群刚学了几天初中物理的伙伴,在自习课上请假,到教师休息室里摆弄塑料棒和502胶。虽然场面一度狼藉,作品也没能赛出好成绩,但这种"战友情"给我留下了深刻印象。高中时组队参加数学建模活动,比赛过程中分工合作,几天几夜同吃同住,还共同参加上海"明日科技之星"项目,获得资金支持并顺利结题。这次活动与队友们结下了深厚情谊,也使我初次感受自主探究、科技创新的魅力。

说到科技创新,上实日新月异的科创楼也令我印象深刻。作为见证大楼平地而起的一届学生,我目睹了大量高科技设备的引入,也亲历了同学们科创环境的极大改善。以建模活动为例,高中开学时还只是在一号楼的一间空教室,过夜需要睡袋,不到一学期就搬到了科创楼顶,配好了高性能计算机和沙发床。这都体现了上实鼓励同学们自由探索的理念。

除了优秀的硬件设施,老师的鼓励和支持对同学们的成才意义更加重大。就我而言,做了十几年数学课代表,对自己的理性思维能力充满自信,但正是老师的鼓励,才激起我对人文思辨能力的不断追求。初中,是老师推荐我代表校本部参加辩论赛。到了高中,印象尤深的是老师命我从数学角度主讲语文课文《说数》。起初我和同学都以为这是调侃,但老师鼓励我认真对待这一挑战。经过精心准备和对科学与人文的深入思考,我出色完成了任务,也感受到了人文思考的趣味。此后,又是老师一步步支持我写长文章、进行深入思辨。正是这些鼓励和支持,使我没有掉入"偏科"的陷阱,而是走上全面发展的道路。

当然,值此校庆之际,我还必须感谢上实的"制度优势"。弹性学制使我时刻快人一步,直升政策使我少受应试之苦,特需课程使我踏上创新之路。考试成绩、学科竞赛、小论文……与之相伴的一系列挑战都成为我前行的动力。虽然我曾因考试发挥失常而与第一批免试直升的机会失之交臂,但这也磨炼了我的意志。

上实一系列特色制度,是吸引我入学的最主要原因,而树立目标、抓住机会、持续努力的经验教训,则成为上实赠予我一生的宝贵财富。

学生视角　未来愿景

一言以蔽之,我希望在理论物理领域从事科研和教育工作。教学与科研关系紧密,优秀的教师和优秀的科研工作者往往互相成就。中学阶段,我就逐渐发现了自己对理论物理的兴趣,萌生了从事基础科研的想法。经过本科的训练,我更加坚定。当然,初步的科研成果也使我有了信心。此外,我历来有表达天赋和讲授欲望,也有感于当前高校内前沿知识教学的不足,因此我同样确切地希望自己在教育工作中发光发热,"为往圣继绝学",为天才的土壤施肥。

大学科研经历:

● 大一,参加北京大学物理学院本科生小型项目训练与成果展示,在团队中主要负责数据分析及物理模型构建,最终我们获得了一等奖,也形成了互帮互助的学术圈。

● 大二,参加复旦大学"量子信息与计算"研究生暑期学校,与国际顶尖学者交流,最终代表十余位北大学员进行全英文结业汇报,备受好评。

● 大三起,随导师开始科研实践,远程参加多场学术会议,至今已在国际杂志发表SCI论文两篇,在2021年国际散射振幅大会上以展报形式汇报研究成果。

第21位 2017届 赵泽恒

学生简介

赵泽恒,2011年入学上海市实验学校初中部,2017年高中毕业,本科就读于清华大学化工系,现在是清华大学化工系系统工程研究所硕士一年级学生。

老师视角　老师眼中的你

赵泽恒的语文,一言难尽,分数不低,但是答题永远那么几个字,它是以一种理科的眼光来审视文科的,他的疑惑大概是两句话:

1. 我不是写出来了吗?为什么要铺叙?
2. 语文为什么缺少标准答案?

我对他最深刻的印象无关语文,无关学习,而是一次学校集体的外出活动。

那次出行,要坐地铁,我早知道小赵是个地铁狂人,所以特地给他布置了一个任务——设计一条最快到达目的地的线路。我本想给他一天的时间,没想到,他在黑板上当场就画起了线路图,一条、两条、三条,短短两分钟,他就画出了三条不同的线路,并且算出了换乘的次数和预计的时间,然后自信满满地告诉我:这是三条最好的线路。

看到他手绘的三条清晰的线路,我实在是觉得不可思议:"这孩子,对地铁究竟熟到了什么地步?"从那时候起,我开始印证了之前的想法——他与众不同。

小赵作为数学建模组的一员,是这个班级中我最早认识的几位同学之一。说实话,"数学建模"这个看上去很理科化的名字,其中的成员却大部分文理兼修。而小赵和他们不一样,在建模组的所有学生中,他是最"理科化"的一个学生,他酷爱理科,尤其是对于建模和化学几乎已经达到了狂热的地步。

他真的是顺便玩玩化学:他在初中和高中时都是化学课代表,他说当时喜欢化学纯粹是觉得各类化学反应非常神奇。课代表的任务并不复杂,主要是收发作业、帮助老师从实验室拿还实验试剂和器材。初高中时都有很多参加竞赛的机会,他也几乎全部都参加了。至于化学考试,好像只有几次不是100分,我也不记得了。

但是化学居然是他的最强学科和最后的本科专业,这有点无心插柳柳成荫。

高中开学第一次摸底考试,小赵考了第一名。以往我带的班级,考试拿第一的就做学习委员,这次也不例外。我把他叫到办公室,告诉他做学习委员要注意的种种事项。他看上去十分内向,话不多,对我的问题也多用最简单的方式回答,我一开始以为他是个相当内向的学生。这种印象保持了很久,直到后来我看到他在班级里,为了一道化学题和同学滔滔不绝辩论了几乎一个中午为止。

和他辩论的同学后来告诉我,他的内向是有"选择性"的,一提起他感兴趣的东西,小赵的"内向"就立刻烟消云散了。

另外,他帮助我做了三年的年级分数,这是什么概念?每个学生拿到手的分数条有20—40个分数和排名,尤其是高三,他对全年级的分数排列、学生分布了如指掌,其间固然花了很多时间,但是看着他手指如飞一般舞动在键盘上,我便想着这个学生真的厉害,能把这么无趣的数字弄得清清楚楚。小赵更重要的品质是无私精神,我们有太多的学生,甚至老师推脱这份工作,很少有这样肯花时间为大众服务的,他做到了。

一个优秀的学生,偏科与否那是特性,能够无私,那是品德,更重要!

——朱琳老师

学生视角 你眼中的"实验"

做分数使我细致

这是从高一上学期开始的。

当时朱琳老师派朱晟祺、唐一朝、杜洋、我四名同学向刚毕业的徐晓骏同学学习"做分数",也就是在大考之后,从各学科老师处将分数汇总起来,为与考试有关的老师和同学量身定制表格。例如每个同学,他们会拿到印有自己成绩与排名的纸条,因为它细长的模样,我们戏称它为"工资单";各科老师则会拿到对应学科的详细统计;各班班主任拿到所在班级同学的情况;另外还有一张总表,所有上述表格归根到底都是总表的一部分，它会被发给负责教学的老师和校领导。

做表格的任务听上去容易，实际上还挺花时间的。从老师们手中获取的原始表格可能存在数据缺失、误输入等情况，这需要我在各个办公室之间来回跑，有时某个学科批卷子或录成绩慢了，我还得去适当地催一催进度。拿到准确的表格之后，就开始正式干活。经过三年数次考试，我对做哪些表格、每个表格该如何做已经非常熟悉，即便如此，依然需要一节课甚至两节课的时间来完成。

做表格也需要一些耐心和细心。经过高一的几次实践，我发现参与的同学多反而会降低表格的准确性，导致经常返工。于是慢慢地，从最开始的四名同学变成了我一个人。

当然"做成绩"也有一些小小的"回报"。例如我是全年级最先知道考试成绩情况的人，也能看到其他同学的分数。这让我偷偷地很骄傲，但是朱老师的政策是：烂在肚子里也不能告诉别人！于是我一个人默默地在回家的地铁上想着一个个分数后面的辛苦与痛苦的脸，一次次感到这个工作千万不能有差错。在这三年里，我熟知各个老师的办公室地点，并且还与老师们混了个脸熟，听到的趣事还挺多，原来学校是这么富有生机的一个地方，每次考试后做分数都是一个令我期待的暂时休息的机会！

更难的是，我们这届碰上了高考改革。不同同学选的小三门都不一样，这为安排考试时间和考场带来了麻烦。我和杜洋同学一起解决了这个问题，并为每个同学制作了随机座位与考场的准考证。

花了很多时间，学农的时候手机都快打爆了，但是我们的模本方便了后面几届，真是太高兴了！

白天晚上建模真好玩

数学建模是从中三的时候开始的。当时写了一篇和数学有关的小论文，我的指导老师，也就是初中部徐大玮老师，让我联系陈夏明老师，看看是否能得到更多帮助。在与陈夏明老师交流了几次之后，我与另外几名同年级的同学进入了数学建模社团。当年的 HiMCM 比赛（美国高中生数学建模竞赛），陈老师破例让一个全部由中三和中二同学组成的队伍参加比赛（胡彦晨、陈如月、我、汤历欧），而我是队长。这次比赛我们队获得了很好的成绩（Finalist, 特等奖提名）。

此后在老师的指导下，我和队伍三人共同学习数学建模，也共同参加了更多的比赛。

值得一提的是，数学建模同样也很花时间。我一周有好几个小时都在 12 号楼 6

楼度过。此外，比赛也都是长时间的，例如 HiMCM 是 36 小时，MCM（美国大学生数学建模竞赛）则是 96 小时。这段时间我们吃住都在学校，是对体力和脑力的极大考验。还有，在比赛前的几周时间里，我每天中午都要想着这件事，真的是必须以最快的速度完成基本作业，否则时间根本不够，我想我现在能很有效地安排学习，大概得益于此。

除了参加比赛，我们队伍也会做一些课题研究。我把对交通，特别是地铁的兴趣与数学建模结合了起来。当时上海新开通了地铁 16 号线，人流量极大，于是我们对地铁线路设计铁路复线以缓解地铁客流进行了初步探索。

设计上海地铁全网配线图

实验卧虎藏龙，并且相互之间乐于分享。我对地铁的兴趣也是中三在社团课上与一位同学（2011 级初中部袁睿宁）交流时被激发出来的。他与我分享了上海地铁的大事件、线路设计、未来规划等，从此我开始在网上搜索更多相关信息。2015 年暑假，在与另一位同样对地铁有兴趣的学长（2013 级高中部曹逸凡）交流时，产生了制作全网配线图的想法。那时候网络上的配线图，要么是年代已久，要么是信息不准。最终赶在 2015 年的最后一天，我将配线图的最初版本发布到了轨交爱好者的网上社区中，收获了网友的正面评价和改进建议。

家长课程也是同学们获取各行各业信息的好机会。记得有几次家长课程请到了申通地铁集团的专业人士，我都毫不犹豫地报名。

后来，学校的老师也知道了这件事，但他们并没有反对我课下花时间到处实地探访或者画图，而是鼓励我，甚至提出我可以在年级层面做一次分享。2016 年 4 月，我在年级特需课程的总结会上，做了一些关于"联络线"的介绍。密密麻麻的线路，其实很多人不一定听得懂，但是那都是我一个又一个地铁站亲自坐地铁试验出来的最佳优化线路，这是我在实验学校非常难忘的经历。

实验学校给了我们充分的课余时间和自由度，很多同学培养起了自己独特的兴趣，收获了故事和成长。

学生视角　未来愿景

数学建模带给我的训练和能力提升是多方位的。我在本科时辅修了统计学，其中很多课程的基本概念，我都多多少少在中学时接触过。我当时还学了一些MATLAB和LaTeX，而这两个工具至今我还经常使用。当时读英文教材与比赛文章，也一定程度上提高了我的英文水平。现在回看，中学的时候学习数学建模，本科时辅修统计学，研究生做与工业数据有关的课题，也算是"一脉相承"。

高中毕业后，我曾参与上海地区数学建模联校活动的文章评审工作，从一名学习者变成了一名引导者。2021年7月，受陈夏明老师邀请，我作为学生代表在第14届国际数学教育大会上分享了上海市实验学校开展上海地区数学建模联校活动的初衷和经验，并制作了海报。

从高中开始，我除了发布配线图以外，还经常关注网络中与上海交通相关的词条，也做了一些微小的贡献。最近我依然在更新高中时开始的项目，同时正在制作等比例的配线图，希望能为轨交爱好者社群注入更多活力、提供更多便利。

而对化学的兴趣促使我大学选择了化工学科，期待未来有所收获！

我感兴趣的其实不少，但是哪一个是最后的愿景，很难预定，走走看看吧！

第 22 位 | 2017 届　杨光灿烂

学生简介

杨光灿烂同学 2008 年进入上实小学部，2017 年毕业并考入中国科学技术大学少年班，用九年时间完成了十二年基础教育学习。目前在耶鲁大学攻读电子工程博士学位。

实验荣誉：2015 年有影响力学生，2016 年所在团队获有影响力学生。

科大荣誉：安徽省"百优"大学生，"挑战杯"大学生课外学术科技作品竞赛国家三等奖、安徽省一等奖（两项），校优秀毕业生。

老师视角　老师眼中的你

徐红校长在《护长容短》中这样说道："每一个孩子都是一个独特的个体，他们每天都在演绎着属于他们的多彩生活。"教育的本质就是帮助他们发现自己的天赋潜能，教师的功德是帮助孩子通过学习与实践将潜能发展成优势能力。这一理念也是人文精神下的教育理念，是对学生的尊重，对生命的尊重。带着这份使命感，我们尊重孩子的成长规律，尊重他们的个性特点，从童年到青春，让我们一起来看看杨光灿烂的故事吧。

初入小学，有一天他跟我说："老师，我们是邻居，你是几室的呀？"我说："这是个小秘密，不能告诉你哦。"第二天，他很得意地说："老师，你是 501 室的。"我很好奇，问他怎么知道的。他说："昨晚回家，看到你走在我前面，我故意不叫你，然后看到楼梯的感应灯一路亮到五楼，接着 501 的灯就亮了，哈哈，我说对了吧。"顿时，这个聪明的虎头虎脑的小家伙给我留下了深刻的印象。四年后，一个善良、单纯、聪明、有责任心、喜欢观察的小男孩顺利升入初中。初中三年，他的学习稳步提升，对于数学和物理的喜爱也日益凸显，学校为其搭建的平台，让他在兴趣的海洋中畅游，在这个过程中,他逐渐清晰了自己未来的专业目标。杨光灿烂最大的特点就是做事认真投入,学习效率很高,科研能力很强,一旦喜欢某一件事,对某一个问题产生了兴趣,就会埋头去研究。到了高二第二学期,他作为中科大少年班的备考生,转入了高三(6)班学习,学校为这位小年龄的高考生制定了特需课表,满足他个性化学习需求。半年后,他如愿考入中科大少年班,主修实用物理专业。记得2018年6月,已经大一的他特地来实验参加2018级学生毕业典礼,很自豪地跟我说:"老师,我估计是实验学校唯一一个参加过两次毕业典礼的学生吧。"

他的这份自豪源于对实验的喜欢和热爱,毕业后的他,只要有时间,都会来学校看老师,积极参与学校各项活动。主题班会上,他和学弟学妹分享学习心得;读书节中,他和大家分享读书乐趣……阳光乐观、积极向上的他,俨然是学弟学妹眼中的明星学长。

徐校长多次在各场合和大家分享他的故事,特别是学校兴趣视频跟踪记录的四个片段。有心的妈妈每次拍摄都选择在测量身高的长颈鹿前,每次看到他从最初一个130厘米的可爱小男孩,用稚嫩的语气说,将来要成为一个"厉害"的人;逐渐成长为一个180多厘米的帅气男孩,说将来要成为一个"对国家有用"的人时,我们心中涌起的,是实验教师满满的自豪感和幸福感。

剑桥大学第345任校长乐思哲先生曾说:"剑桥的独立思考精神能让年轻人创造出足以改变世界游戏规则的伟大成就,不管是什么专业。我们坚信,这种品质与卓越必将在未来传递下去。"我想,实验学校作为一所与众不同的学校,她不仅是学制和教材有特色,更是在对学生的培养理念上有特色。她对学生个性发展关注和跟踪,对学生个性特点尊重和珍惜,从这个意义上来说,实验和剑桥都有着一种对学生尊重的"放纵"。这种"放纵",孕育出了今天这位优秀校友杨光。期待他的明天更加灿烂。

——范莉老师

学生视角 你眼中的"实验"

在我看来,实验学校希望每一名学子都能找到自己喜欢的东西,鼓励我们在这一方面有深入的研究和学习。无论我们有什么兴趣爱好特长,只要有能力并愿意花心思去做,学校就会尽可能地为我们提供锻炼和展示的平台。

对我来说,影响最深远的当属中三至高一期间几位老师在科创方面给我的启蒙和引导。2015年恰是 ABC 班实施的第一年,我有幸通过 370 考试进入了 A 班。没有繁杂的作业和中考的压力,我便有了非常多的空余时间参与到社团活动中。在张继禄老师的带领下,我先在云霄飞车中浅尝了动手创造的快乐。机缘巧合下,我认识了后来的班主任张唯老师,在他的引导下,我逐渐发现了创新的乐趣,这促使我在高中创办了科技创客社,并找到了一众志同道合的伙伴一起动手,感受创造的魅力。当时恰逢科技实验楼建成,管理物理层的史复辰老师非常爽快地同意我使用这些实验室,我也非常感激他的大力支持。后来,我们在一些比赛中获得了多项殊荣,社团仅成立一年便获得了五星社团称号。这些经历愈发坚定了我在科学中深入探索的决心,也为我大学期间的科研工作打下了坚实的基础。

学生视角　未来愿景

时代的车轮滚滚向前,科技的发展水平与日俱增,要做出真正有价值的创新,不仅需要勇气和智慧,还需要一定的机遇。我对未来的期望便是能在自己研究的领域当中有所建树,能够得到同行的认可。幸运的话,将来可以有钱有闲,做一些自己感兴趣的事情,也希望能以更加特别的方式,报答实验对我的栽培。

第23位 | 2018届 龙晓琪

学生简介

龙晓琪,2012年入学上海市实验学校初中部,2018年高中毕业,本科就读于加州理工学院计算机与英美文学双专业,如今正在申请法学博士,目前已经收到加州大学伯克利分校法学院与纽约大学法学院的法学博士录取通知。

教师视角　老师眼中的你

(一)

龙晓琪是我欣赏和喜爱的学生之一。

她资质聪颖,审美高雅,品位不俗。平时视野开阔,酷爱阅读,也是一名狂热的电影爱好者。她的文章洋溢着对生活的热爱、对社会的探索,表现出一个优秀学生对生活、人生的关注和思考;她的演讲不张扬、不夸饰,而新颖的视角、富有深意的剖析却每每激发共鸣与思考。她始终能用美好的语言、独到的见解表现出她的活跃和真挚。

在文学、艺术领域之外,她还对数学建模有浓厚的兴趣。在学校特需课程中她始终研究方向清晰,有明确的学习目的和自主学习的能力;她不惟书本,不惟专家,勇于质疑,坚持探索与实证,成为课程学习的领军人物;她能用好自己语言表达的优势,在建模论文环节表现超群,曾和队友获第二届IMMC(国际数学建模挑战赛)中华赛区Outstanding(特等奖)的佳绩。

更可贵的是在刷题、拼竞赛的激烈竞争中,她始终坚持自己的学习理想——以志趣为引领,在文学、英语、数学、建模、历史等学习中安排自己的计划,用知识丰富自己的储备,在竞赛中交流和检验学习所得,在过程中思考自己的人生规划。她崇尚科学精神和人文精神的相互渗透、和谐统一,始终以仰望之姿追求着更睿智、更丰厚、更大气的人生境界,就像一只鸟儿始终心系着宏阔自由的天空。从高二第二学期开始她着手准备出国和美国夏校的申请,学校同意了她个人定制的特需课表,除了数学课之外其他的课程皆由她自己安排在图书馆自学。她每天在自己的计划和安排中自由学习,期中考试,她总成绩排年级第一。学农期间正逢她英语托福考试,她却没落下任何一项学农活动,每晚坚持在教师宿舍的底楼大厅"借光"复习,一举得到118的高分。在她的公众号里,她还推出《如何评价上海"3+3"高考新政——概率分布模型》,大胆地表达了自己对高考新政策的独立思考和评价。

在学校一次升旗仪式上,她介绍了自己运营个人微信公众号的故事,犹记得她的发言:"开始写作吧,对生活更加留心,产生学习的精神,抱着对新鲜事物的怀疑,让自己成为一个更加有趣的人,选择理想,选择热泪盈眶,选择倾听内心的声音,选择一生年少,发出属于互联网时代的一声呐喊。"

"选择一生年少。"

——这就是我认识的与众不同的龙晓琪同学。

——袁万萍老师

(二)

2015年5月,数学建模社在MCM比赛中斩获两项M奖(Meritorious Winner),不少对数学建模感兴趣的中三学生慕名而来,参与社团新一轮的梯队建设。对建模抱有一种"执念式"喜欢的龙同学就是其中一员。她给我的第一印象是十分腼腆,但在英语和数学思维方面展现了一些优势。

我将她安排在资历最深的高三组中跟队学习。虽说不爱交流,她在跟队期间十分勤奋,将组长安排给她读的论文反复研读,又自己查找了历年的MCM特等奖论文进行精读,同时自己开始摸索学习LaTeX排版语言的应用。

跟队期间,她先后参加了2015HiMCM比赛和2016MCM比赛,担起书写一部分论文的职责。虽说没有系统地学习过理论知识,但在一次次的书写修改实战论文中她渐渐摸索出门道,抓住了写作技巧和关键点。2016MCM正赛,她亦承担起了三分之一的论文书写工作,最终该组在难度更高的ICM(Interdisciplinary Contest In Modeling)比赛中荣获M奖。这个执着的小跟队似乎能够发掘自己的才华和潜力了。

在之后新分配的核心三人组里,她每天在12号楼6楼留到晚上六七点,反复摸索研究 LaTeX 语言,经过几个星期的巩固练习,她凭借自己的力量成为本届唯一熟练掌握这门编程语言的同学。

2016 年的 IMMC 比赛中,她很快将新学的 LaTeX 技能付诸实践,独自写完、排完整篇论文,她所在的小组也是第一次参加比赛即获得了前往香港参加中华赛区答辩的资格。在答辩现场,她不再是那个刚来面试时说话轻声的不敢直视对方眼睛的腼腆女生,面对评委的提问,她思维敏捷,声音响亮,谈吐自如。她和小组最终斩获最高奖项 O 奖(特等奖)。这次经历让她在与人交流上更成熟了,论文答辩技巧也丰富了许多。

之后她又开始着手于社团的一些管理工作,因显现出较强的工作能力,担任了副社长一职,辅助社长处理各种社团事务。她毫不辜负职责,对刚刚建立的社团体系进一步巩固完善。在新一轮的中三队员面试中,她担起了论文的主考官,为建模的未来遴选出一批新生力量。

我欣喜地看到,龙同学在建模学习中的收获不仅对自己大有裨益,也使更多的新同学得到经验,有所收获。更让我欣慰的是建模同学们严密而活跃的思维方式,认真而钻研的求学态度,在逐渐完善的梯队制度下一届届、一代代地流传,迸发出新的思想火花。

——陈夏明老师

学生视角 你眼中的"实验"

在中一年级和中二上半学期,我是一名严重偏科的文科生,数学成绩全年级垫底。时至今日,身为加州理工的计算机系学生,我有时依然有许多不真实感。那些年在上海市实验学校接触到的各式各样的机会与平台,看似互不关联,实则环环相扣,助我一步步走向理想中的文理兼修。

第一次体验到上海市实验学校"尊重个性,挖掘潜能"的教育理念是通过"跨栏计划"。作为中一学生,我有幸成为首批"跨栏计划"成员,通过了高一年级的英语期中考试,获得了英语课去高中部旁听的机会。在初高中课时对不上的时候,老师也允许我自己研读英美文学名著,写评议、做分析。短短的中一中二两年里,我利用英语课的时间培养起了对英美文学的浓厚兴趣,阅读了大量近现代的英文诗歌、散文、小说作品,而当时作为作业写的文学评论和作品仿写也得到了英语老师们的宝贵指点与鼓励。"跨栏计划"的经历夯实了我的英文写作基础，也是我与英美文学的缘起。

若不是因为"跨栏计划"，我无从接触改变了我高中与大学求学生涯的数学建模。从初二开始，我逐渐对数学积累起了兴趣与信心，也经过身边同学的介绍，了解了我校的数学建模项目。在当时，我的数学水平虽然相较之前还算过得去，但是数学建模的门槛依然可望而不可即。然而，数学建模实验室的一个"职位"吸引了我——我可以申请成为数学建模团队中的"论文"角色，负责模型的整合归纳和英文论文的撰写，并且通过耳濡目染，学习身边优秀同学的数学思想方法，实现自我提升。得益于"跨栏计划"带给我的英语写作基础，通过这样的契机，我开启了毕生难忘的数学建模生涯，也慢慢地从严重的文科偏科生转型成一个理科生。

建模三年，我花费了巨大的时间与精力。组建了自己的建模小组之后，我们几乎每天都在建模教室留着，早则六七点，晚则八九点，做课题，写论文，做比赛的准备。回家以后，只剩下几个小时的时间写作业和刷题。除了暑假以外，所有的假期都被比赛占据。我那时感觉我的生活被高考和建模装得满满的，建模像是紧张备战高考生活之余的轻松调剂。高一的建模时光美好得不真实，下午三点的阳光斜斜洒入一方斗室，小组三人各干各的，查资料，学算法，研究论文，偶尔聚在一起讨论一个问题，调侃当天还没完成的某项作业，为第二天的考试集体表示一下担心，然后又继续回到建模的学习工作中去。高二，这样的时光少了一些。随着等级考的临近，课业压力越来越大，能花在建模上的时间越来越少。高三，高考临头，这样的时光就更少了。可是建模比赛中同甘共苦的回忆和高一时每日下午放学后的自由学习经历像一条无形的纽带将整个社团的人联系得无比紧密。

从我踏入建模教室的一刻起，我的天空就在不断地升高着。其实在建模社的同龄人里，我是彻头彻尾的资质平平。但天资和聪明不过是起跑线而已，数学建模教会了我突破它，教会我用更宽广的视野和胸襟去看世界。

学生视角　未来愿景

刚刚步入加州理工学院这所理科学府时，我带着来自数学建模社的理想主义，对参与顶级理科科研充满向往。我依次在 Nicolas Hutzler 教授的激光物理实验室，Anima Anandkumar 教授的机器学习实验室，以及斯坦福大学法学院的 Daniel Ho 教授的机器学习法律交叉实验室(RegLab)进行了科研项目实践。可以看出，我的大学科研经历是一个渐渐从理论走向实践，从纯理科走向理科与人文社科的交叉学科的过程。几年的科研经历让我意识到，数学建模与真正的科研还是大有不同的——数学建模更接近科研中提出假设（hypothesis）的那一环，是短时间里思路的碰撞，而真正的科研则是日复一日的屡败屡战。恰如我初入建模时的"论文"选手身份，大学三年来我终于意识到，自己还是更适合做一些文理交叉的工作。因此，我在大三的暑假选择在 RegLab 探索机器学习工具如何服务于法律。数据科学不缺顶尖人才，但是数据科学目前只在工业中发挥了最大的价值，它带来的好处仅仅让经济上相对优越的人群受益。然而一个真正具有革命意义的工具，不应该止步于给少数人带来好处，而是应当切实地改变每一个人的生命。斯坦福法学院的 RegLab 正是在进行这样的探索，而参与 RegLab 项目的这半年也让我进一步确认，机器学习、数据科学与法律、社会的交叉会是我将来进一步探究的方向。

目前，我正处于美国法律博士申请季，尘埃未定。我期望结合我的计算机知识与人文技能，成为一名专攻计算机领域专利保护的知识产权律师。

第24位 | 2018届 孙乐怡

学生简介

孙乐怡同学于2012年进入上海市实验学校初中部,2015年升入高中部,2018年毕业后进入北京大学新闻与传播学院学习。2021年保研至清华大学新闻与传播学院继续深造。

中学阶段,孙乐怡同学成绩优秀,位列班级前列。先担任班长,后竞选成为大队委员。中三年级,入选优秀小论文并完成答辩,分入A班,直升高中部。升学前提交了特需课题申请并通过面试,进入创新特需班。高中阶段,孙同学学习认真,继续参与学生工作。在高考中,她选考了历史、地理、政治,通过全国博雅推荐进入北京大学新闻与传播学院。

大学阶段,孙乐怡同学依然以认真的态度对待每一门课程的学习,并且较快地调整学习生活的节奏,适应大学的新环境和新要求。学术方面,在学习中对所学专业的学术话题产生了浓厚的兴趣,将每一篇论文作为独立研究的机会,积极参与"挑战杯"等学术竞赛。本科前三年绩点位居学院前5%,在研究生推免中录取至清华大学数据传播专业硕士项目。实践方面,大一大二她延续了中学时就参与其中的学生工作,结交朋友,锻炼能力。同时,她在校内积累媒体与写作经验,加入了电视台、报社等校园媒体,从大一到大三都活跃于采访撰稿的第一线。为了加强自身的实干能力,兼顾新闻与传播专业的实践性和学理性,她也利用假期和毕业年级的时间参与社会实习,以期更全面地理解传媒产业与互联网企业的运作。

老师视角 老师眼中的你

中三尝试专业研究

乐怡是我社会研究社的学生,她是眉目清秀,说话温文尔雅的女生。因为中三小论文,她进入了我的社团,我才认识了她。开学的时候,校长让交一篇记录学生的"与众不同"的案例,我一下子就想起了她,一位做事认真、颇有研究范儿的中三优秀学生。她身上与众不同的学术气质,将我深深吸引,也改变了我的社团带教模式。乐怡能将自己的思考、研究过程仔细记录,并能用专业论文用语清晰表达,其研究水平远远超出了同龄人,当时真是震撼了我。她会为研究花很多时间去查找资料,独立思考尝试解决问题,并全程记录。尤其她的文献综述,做得很专业、全面,她将资料搜集的过程与结果都全部分类呈现出来,这也是同龄人无法做到的。

乐怡的研究需要采用问卷法和当代青年文学作者访谈法。这两种方法的运用,对她而言都是挑战。如何让同龄人自愿完成 200 多份问卷,如何联系到青年文学作者、评论员,并让他们接受访谈都是非常难的。我仅提供了一些建议:有哪些平台可以发布问卷,帮助她筛选哪些人可以争取访谈,哪些途径可以去想办法联系上,联系上又如何说服名家,如何进行高质量的访谈,访谈提纲如何撰写,等等。我告诉社团的同学,指导老师们都很忙,没有哪位老师闲在那里等着你们访谈,至于如何访谈到,你们要各自想办法;研究进度自己掌控,找自己的指导老师也需要带着问题去找。结果出人意料,她不仅争取到了名家访谈,还圆满完成了数据收集,连论文撰写也非常完美,后来顺理成章,成了当年排名第一的文科优秀论文。

高中文科优势尽显

有件事情我印象很深。当时进特需班,她是通过建模面试,但她进入高中后选择放弃建模特需,转而到我这里来继续做文科类课题。在当时是有来自建模指导老师的质疑的,甚至觉得她这样的话就应该转到平行班,因为她是通过建模才进 6 班的。高中部主任回忆,当时找过乐怡,她很有主见,认为建模固然在数学领域里学得深,但她渐渐意识到自己在文科方面更擅长,希望自己高中期间能在人文社科领域多涉猎。所以,高中部不但留住了她在 6 班,而且请她当了这一届的特需大班长,带动整个年级的特需学生搞研究。

乐怡后来"+3"选了政史地,成为纯文科生。高三连续在新区模考中排名第一(她数学依然是好的)。当时北大在自招时就表示这样的纯文科、又文理兼进的学生,是他们很青睐的。乐怡在 2018 年入读北大新闻与传播学院。

——陆如萍老师

学生视角　你眼中的"实验"

　　来到北大以后,我和其他同学一样,面临着更为广阔复杂的世界。"兼容并包"对于一所高校而言,是很高的赞誉,但对于刚离开高三环境的学生,相伴而来的是迷茫与不知所措。无数课程可供选择,无数的生活方式都极具吸引力。我就读的新闻与传播学属于社会科学学部,但其学位却属于文学学士,在培养方案中可以看到中文系、哲学系的必修课,以及国际关系、社会学的专业课等。多数同学会选择跟随主流或者课程给分情况进行选课,但我在实验已经提前感受到了相当的自由度,并且慢慢学会了面对多元的选择,学会在极其丰富的世界里辨别自己的意愿和环境的氛围,从而在自由和兼容中进行筛选和择取。在中学阶段,实验提供了拓展课、学生社团,以及丰富的活动进行课外的探索,也采取过走班制与分层式的高中直升渠道。特需班和中三升学期间的分班也给了我非常充裕的时间去接触广泛的知识。这些经验让我在大学能够更有目标地进行探索,在学术和实践两个方面寻找与自己能力和潜力相匹配的道路。

　　从另一个方面来看,实验提供的多元环境让我对最广泛的知识产生兴趣,这样的兴趣不会受限于学科的边界。在大学里我的学术探索几乎全部建立在学科交叉的"灰色地带",通过不同方法和理论的碰撞来理解和阐释现象。对传播政治经济学的兴趣敦促我学习政治哲学与产业经济学的原理,对文化批评的兴趣促使我研读符号学和语言哲学的著作。在硕士专业的选择上,我也特别选择了数据科学与传播学交叉的数据传播学位。我相信未来的学习中我将在实践中更深刻地理解技术对传媒的意义,这将在学术和工作中为我带来新的能力和洞见。

　　当然,广泛的知识兴趣也会带来问题,往往会在必修内容之外增加额外成本。初入大学时,是之前实验的教学理念给了我勇气,使我用心地研究每一个兴趣点,先全身心地投入其中,再思考自己是否将其作为志趣。初高中我的个人兴趣仍然偏向文学艺术方面,对于数理与技术的接触是从进入特需班开始的。我接触到数学建模、智能机器人等内容,学校通过动手活动与赛事让一个文科生对这些产生兴趣。

　　实验给我的感觉是,学校在努力地将艺术和科学,诗和数字进行融合,或者至少让他们在校园里融洽相处。它既体现在学生活动的全面性上,也体现在每次活动的主题设计上。我记得一次艺术节的征稿主题设定为"科幻",引发了我很多想象,我也花了一些心思在创作和投稿上。当时《三体》小说非常火爆,在班级里流行起来,也是从那个时候我开始对"科学"进行祛魅,它不再是一个"理科生的领域",而只是一种与其他知识一样地位平等的知识。另外我印象很深刻的还有在语文课上听同学们分享量子力学,这最终促使我自己去阅读了《上帝掷骰子吗》这本书。这一本书一定不能代表"真正的"科学或者物理,但它的意义在于以另一种思路或者方法去描述科学,用故事和浪漫化的东西来提供对于科学的不同解释。这种视角的转换,叙事方式的移植,在后来的课堂里也不断出现,正是这种潜移默化的影响,让我之后切身意识到"批判性思维"或者"辩证思考"的内涵。它不是简单的否定,甚至不仅仅是否定之否定,它意味着在包容和理解的基础上,去不断地改变自己的视角,试图突破主观经验的局限。

在实验获得的这些有足够深度的思想体验对我来说是至关重要的。不仅在内容上扩充了我,也在方法上培养了我的习惯,同时也作为一种价值观进入我的生活。实验的一些口号或者表述,可能并不会对很多同学产生深刻的影响,但对我来说是非常重要的。它反复重申的"美",就是不断地在告诉我,这种抽象的、概念化的东西是值得讨论的,值得表达的,值得不断以新的方式去追求的。再比如,作为语文课程环节的课前演讲,可能在组织上有一些我觉得可以调整的地方,但是回过头来看,是它真正让我相信"思想是要高飞的",以及"思想是可以高飞的"。在大学里会遭受更嘈杂的声音,其中必然包含很多批评和质疑。比如在专业与学术追求上受到质疑的时候(会有不少人认为量化的社科研究比批判的似乎更科学,实证的比抽象思考的更使人信服),再比如也不断有人提出"文科无用论",或者对现在的媒体活动进行谴责,将新闻理想的缺失归咎于新传学生身上。这些质疑都在将人变成一个激烈的、尖锐的、世俗的、接地气的、功利的社会人,这时候我会想到中学里非常纯粹地去读书、朗诵,想到以前的课上可以讨论政治,可以讲哲学。针对热点话题或者价值观的对话和讨论是有方寸之地容身的。这件事情本身在很多时候给了我坚定自己道路的勇气。

大学里去回忆中学,或者思考自己的成长,可能往往有两种情绪。一种是怅惘的怀旧,感觉到少年的勇敢正在消逝。另一种是充实的幸福感,觉得以前被培养起来的赤子之心,说情怀也好,理想主义也罢,还保留了一点,这时候会尤其感谢母校。虽然它只提供了一个环境,每个人进去出来都是不同的路径,但至少它允许很多种生活存在。这是我能够结实很多朋友,开发自己思维的前提。

学生视角　未来愿景

目前,我正处于毕业班的最后一学期,进行实习与毕业论文写作。2022年9月,我将前往清华大学进行为期一年的传播学学习,后前往美国南加州大学修读数据技术相关工学学位,预计于2025年毕业。毕业后,我计划进入传媒产业前沿企业,从事创意与策划相关工作,在具备一定的工作经验后,希望进入公共事务领域从事传播策划、媒介策略等工作。

第25位 2018届 郑志承

学生简介

郑志承,2008年入学上海市实验学校小学部,从小怀揣着成为一名医生的梦想,历经十年的学习,于2018年高中毕业,考入上海交通大学,目前就读于上海交通大学医学院临床医学专业泌尿外科博士。

老师视角 老师眼中的你

郑志承是高中创新班的学生,和很多十年制的孩子一样,到了高中,个子拔高了却仍是一脸稚气。我和他接触三年,欣喜于陪伴并见证了一个孩子的成长。提到他,有那么几段经历是令我难忘的。

从"噩梦"到"最爱"

高一,摸底考试清晰显示语文是小郑的弱项,而且我发现他相当不以为意。作业缺漏习以为常,坐在第一排的他还公然在我眼皮底下刷数学题。提醒、批评也未见成效,他固执地认为语文到考试时背背就行,他还满脸骄傲地说在初中曾考过语文前三。

期中考果不出意料,他语文不及格——语文基础弱,阅读理解力不够,作文更是幼稚。赫然的分数大概是惊到他的,期中考试之后,作业明显改善,以至于有几次认真到让我感动;听课、笔记也重视起来了,更主要的是他常来办公室交流语文学习。于是我给他制订学习计划,指导他课外阅读,他慢慢上轨道了。

期末考试,可能是有上次考试失利的阴影,当然我知道更主要是担心创新班流动中语数英单科不及格要淘汰,试卷还没批阅完,他已经迫不及待数次来问成绩,他说:"老师,我做了噩梦,语文28分。"

那次语文成绩最终还是到了均分的,他的努力得到了回报。

得到了成绩上的激励,他语文学习的积极性越发高涨。读与写形成了良性循环,他会满脸骄傲地说:"老师,读了那些书,我发现我说出来的话都跟他们不一样了。"他说的"他们"是指那些和他原先一样理科超前文科滞后的小伙伴。而他的作文,从幼稚型到"一招鲜吃遍天"地套用好材料,再到有感而发"不可遏制",他还常常在和我交流后连夜修改,微信发来以期让我第一时间读到。

"伊讲,伊现在最喜欢上语文课了。"他妈妈在学期结束时告诉我。

没有去问他为什么"最爱",但我想他是成长了。

坚决"不将就"

小郑的这件事让我好一阵感怀。

那是 6 月学期末高一特需课程学习汇报。分组时他的社科类的课题"浅析 SES 中学生创业俱乐部构建及推广"被分到了文科组,评委由语文、历史、英语三位老师组成。

结果汇报结果老师评价为 C。

小郑的课题"浅析 SES 中学生创业俱乐部构建及推广"在 3 月参加了主题为"创新—体验—成长"的"第 31 届上海市青少年科技创新大赛"。这个比赛有 17 个区县的 30 多万师生积极参与,大赛评审委员会共收到 4 166 份申报材料,经学校(单位)核准、资格审查、网上预审、学术评审四级评审后,有 703 项青少年科技创新成果入围终评。他的课题闯进了终评决赛,还获得了一等奖的殊荣。

这个"C"的评价尴尬了。

班主任说小郑在教室里哭了。

找来评委了解情况,评委答应他提交补充材料,若材料可以则进 B 等。

可他不认为材料有不足,更不答应将就这个 B 的结果,他甚至质疑"评委没有听懂我的汇报"。

这个评价的倒挂确实让我们部门为难,在他的"申诉"下,我们把这个棘手的难题提交校长室。最终,校长室批复,在官方大赛上获奖的特需项目可直接认定学期评价成绩。

小郑的坚持挑战了我们的特需评价,也提醒老师在给予评价中保持更多元、更谨慎、更理性。

"怒触不周之山"

6月底小郑又出事了,这事还真不小。

地理学业水平考试前一天,班主任来说,小郑右手骨折了,医生要求马上开刀。

怎么好端端的手会骨折?考试怎么办?

经过和医生的协调,暂时用支架固定,等地理考试结束后马上手术。但究竟是怎么受伤的呢?

考试结束后妈妈道出了原委:在考前狠狠批评他考试复习不认真、不投入,他委屈万分,一怒之下一手砸墙,结果把自己弄伤了。

啊,简直是"共工怒触不周之山"……

之后见到他,右手绑着石膏。故意调侃地问他原因,他只难为情地说是打球碰伤了。

暑假的一天晚上他发来微信说:"老师,你布置暑假里看的电影《死亡诗社》好感人。一向顺从的安德森最后爆发了强烈的感情。"

《死亡诗社》是一部讲述一个有思想的老师和一群渴望突破束缚追求自由的学生的故事,我显然读到了他传递过来的渴望。

又有一日,他发来信息,说他在读我推荐的《新语文读本》第二册中美国哲学家《父母与孩子之间的爱》这篇文章,他说:"这篇文章让我理解了为什么尼尔的父母那么反对儿子演戏剧。"

他还摘录文章中的一段文字给我:

"母亲应该相信生活,不应惶恐不安并将这种情绪传染给孩子,她应该希望孩子独立并最终摆脱自己;父爱应该是宽容和耐心的,不应该是咄咄逼人和专横的。父爱应该使孩子对自己的力量和能力产生越来越大的自信,最后能使孩子自己成为自己的主人,从而能够摆脱父亲的权威。"

我读出了这段关于爱的文字背后他的默想。

这个依旧还是娃娃脸的孩子在成长。

挫折与初心

高考前夕,小郑由于前一年参加了北大夏令营而获得了北大博雅计划"A+"的等第,这让他好一阵欣喜。

他甚至已经开始梦想未来在北大的求学之路：北大生命科学学院——北大医学院。是的，小郑从小想学医，但由于北大医学院本科不于上海招生，他决定"曲线救国"。

可不久后，小郑高考发挥稍缺，被交大医学院所录取。

也许正如孟子说的"天将降大任于斯人也，必先苦其心志，劳其筋骨，饿其体肤"。小郑作为一名十年制的学生，从小被学校和家长保护得极好，并未吃过苦，高考给了他人生中第一个打击。

小郑在家哭了三日，我也为他担心了三天。在振作之后，他告诉我："学医本就是他从小的初心，进入交大医学院是一条最直接的路。高考对他来说虽是挫折，也是幸运。"

我想，经历了高考的他终将洗脱幼稚，做好走出舒适区的准备。且看看，未来他能走多远。

——袁万萍老师

学生视角　你眼中的"实验"

作为一名十年制的学生，上实的一切在我眼里都是"梦幻"的。

可以说，我学医的梦想起源于小学部那个不起眼的滑滑梯。二年级时，我因从滑滑梯上跌落而右手臂骨折，医务室老师随即帮我联系了各家医院的医生。辗转儿童医学中心、儿童医院、新华医院后，最终经过医生们的讨论确定了保守治疗，让我免去了手术之苦。从那时起，我便想要当一名有同理心的医生。

上实是一所包容度极高的学校，正如徐校长所说的"护长容短"，每一个孩子都有天赋潜能，长愈长，短愈短。

回顾上实生活，个性化教育方面可谓做到了极致，小学时便有拓展课，初高中更是有多种多样的社团。

高中时由袁老师负责的特需课程更是令我受益匪浅，我从高一时便同时开展了"科普阅读中挖掘创客精神"和"浅析SES中学生创业俱乐部构建及推广"两个课题。正是在做课题的过程中，我逐渐学会如何设计课题、如何撰写开题报告、如何进行课题研究等在大学中至关重要的科研技能。

于是，我在大一时便积极参加大学生创新训练计划，开展"基于稳定同位素示踪和LC-MS的小鼠动态代谢分析新方法及其在肝癌研究中的应用"课题，成为课题组的组长。时至今日，我仍旧感激并怀念高中特需课程的时光。

论及上实精神，"攀登"的校训大概是印在了每个学子的心里，我总是感觉上实十年的栽培带给我一种"不甘人后、积极进取"的精神。

大一时，我的室友毕业于全国知名、沪上翘楚的四校。"上海学生进入大学后往往会放松学习节奏、趋于贪图享乐"，这个问题不例外地出现在了我的室友身上。令我惊讶的是，我从他身上丝毫无法瞧见上海顶尖高中学子的风范，取而代之的是每天晚上在游戏中的嘶吼与喊叫。

或许他只是个例，但那时的我万分庆幸自己是上实学子，我知道自己的目标与追求。于是，我每日"泡"在图书馆进行自习。截然不同的学习态度自然也带来了不同的结果，期末的检验给了他两门挂科的警示，而我却位列前十之中。

我想，大概是十年如一日的努力与攀登带给了我追逐优秀的习惯。

除去学习不论，个人价值方面也是我所追求的。上实曾给了我无数的机会：小学期间，我便担任了四年的班长；初高中期间，更是担任了六年的数学课代表、学生会成员以及两大毕业典礼的主持人。积累了如此丰富经验的我更是从大一开始便决心要展现自己的能力。从大一至今已有四年，我担任过上海交通大学学生联合会宣传中心新闻部干事、上海交通大学医学院闵行校区分团委学生会学术实践部部长、上海交通大学医学院学生会联络部副部长、瑞金医院学生会主席，也曾主持过上海交通大学医学院学生代表大会、瑞金医院外科节等活动。

我相信，正是因为在上实十年这么多宝贵的实践，才能让我一直走在自我实现的道路上。

还记得上实艺术节的主题是"向美而生，向美而行"，曾有人说"你们医学生成天搞科研，恐怕都没啥欣赏能力"，我想，我大抵不会，因为我是上实的学生；袁老师在语文课堂上组织的"思想在高飞"还历历在目，曾有人质疑"大学就是期末抱佛脚，你们真的有在思考上课内容吗？"我想，上实的学生应该永远不会停止思考。

学生视角　未来愿景

上实曾有成长记录视频，我记得从小学二年级开始，我就坚持要"做一名具有同理心的医生"，从那时起，我便一直在通往梦想的道路上。成为一名医生，意味着不仅是医学家，更是教育家、科学家。道阻且长，终身学习，与校友们共勉。

第26位 2018届 周新智

学生简介

周新智,2012年入学上海市实验学校初中部,2018年高中毕业,本科就读于复旦大学哲学学院、国际关系与公共事务学院。

老师视角 老师眼中的你

在当时的2018届6班,周新智似乎并不起眼。他不是建模队的高手,没有在古诗文大赛中一展才华,也没有在科创领域拿过大奖,但我始终觉得这个学生有着强大的精神力量。这股力量表现在他用数页随笔真诚倾诉的社团情结,表现在艺术节中他一遍遍引领全班完善那首诗意盎然的《在水一方》,表现在语文课《光影瞬间》他艰难而执着地用一节课的时间表达对电影《浪潮》的认识,更表现在高三的他对自己志业的选择——他最终将复旦大学的哲学专业作为高考志愿的第一选择。

周新智和哲学的结缘源于高一在比利时交流的第一次哲学课。后来他开始读我推荐的《守望的距离》《苏菲的世界》《哲学的慰藉》等书。大概爱智慧是人的本能,他愈是接触便愈是一发不可收拾地喜欢了,他的高中阶段也就这样与哲学深深关联在一起。除了涉猎哲学类书籍,其他与思想有关的电影、音乐作品,他也深深迷恋;生活中的大小事物、点滴文章,都成了他的思考素材。高三时我们班的语文课有"思想在高飞"的课前演讲和交流,他时常成为总结陈词者。他的思考也总是和一些大的对象在对话,宇宙、自然、正义、公共领域、民主等,他一直在试图找到人在这个时代的边界和定位。他也终于明确地提出要选择哲学专业。

但这时他妈妈却找到我,希望我能劝导他放弃哲学专业。历史、政治、哲学、文学艺术,这些知识分子认为有大用的学问,大多数普通人是不认为有实用性的。她妈妈说四年哲学学下来他的未来前途是什么样的,她心里没有概念。"为了他一生的幸福,老师您劝劝他,以他的成绩可选的专业应该有很多很多的。我们家长的话他基本不听了,但他信任袁老师。"

我充分肯定了他在哲学上的兴趣和天赋,褒赞他的批判性思维和表达能力,同时也表达了对于他的选择的支持:每个人应该选择自己喜爱的专业去学,当一个人觉得干某件事儿特别有意思,生活才能觉得幸福。当然,为了获得更好的社会适应性,他最好也要有一点跨界的知识,文科生要把自由技艺和新技术结合起来学习。最后,他真的在最终的志愿中确定了他的选择,他也如愿成为复旦大学哲学专业2018年录取的本科新生。

此后我和他聊及对未来的想法。他说希望能先有机会真正接触这门关乎整个人类文明根本的学问,尝试理解我们到底从哪儿来,将到哪儿去,应到哪儿去,才能确定自己的志向——"我希望,也愿意相信自己能做更有意义的事。"我告诉他,之所以把他的选择称为"志业",正如当年韦伯在《以学术为业》中所言:"投身于此将陷入艰难的局势,经历严峻的考验,但年轻人应该在认清艰巨的挑战之后,不陷入悲观,还要以热情的心灵与清醒的头脑去直面挑战,怀着踏实的英雄主义,致力于值得献身的事业。"在这个疯狂加速的时代里能坚持自己的方向,我想这个方向才是真正指向自己的幸福的。源于对哲学的深切敬意,我对他的选择也因此蕴含着诚恳的鼓励与祝福。

——袁万萍老师

学生视角　你眼中的"实验"

我在实验只是一个很普通的学生,毕业后没有突出的发展和成就,实在算不上"闪闪发光的实验人"。但我很感激实验六年来的培育,感激很多老师对我的帮助和鼓励。尤其在6班这么多优秀的同学中,袁老师能看见我、认出我,甚至让我也能看见和认出自己,这对我是影响深远的事情。

对很多同学而言,高中作文可能都不是美好的回忆。那几年上海作文命题愈趋抽象,有些模考题尤其思辨,如果较真辨析,思绪很容易缠绕起来,越理越乱。但因为袁老师的语文课,我却开始愈发向往这个纠结的过程,期待布置作文,然后一头钻进丛丛概念。但这也意味着耗费心力,而且把时间花在看起来回报率很低的事情上。

往往当晚终于想清楚的题,第二天一早再看,又不明白自己昨晚是怎么想清楚的了,于是要一次次地陷入纠结。袁老师不厌其烦地和我面谈,温和地包容这些令人懊恼的、纠结的段落。她的关怀和回应或许并没有真的直接为我条分缕析地厘清思路,但却让我有动力下一次继续勇敢地去蹚概念的浑水,勇敢地去纠结。我对哲学的兴趣就发端于三年来这一次次随笔、作文、课前演讲与交流。如今看来当时的大多文章都不是好文章,那些课堂分享也都极不成熟,甚至讲的内容自己都还没搞明白,但袁老师还是一如既往地包容、支持和鼓励。

我最感激实验的地方,也在于它所提供的包容的环境。它让我们可以放手去尝试想做的事,尽管其中绝大部分可能当时并没有成果。更确切地说,恰恰因为没有成果,这种鼓励和包容才真的可贵。比如我们高一高二的班主任张唯老师就很注重培养学生。我从高一开始做6班的劳动委员,怎么排班、怎么让大家都认真参与,都不是张唯老师决定,他作为班主任,却总是问我"你想想怎么安排比较合适",有建议都是用商量的态度——"你看看这样安排可不可行……不过这只是我的想法,还是你来拿主意。"他曾经说:"我们老师只是尽可能给你们提供支持,比如借办公室电脑制表、打印这种事情,班级事务还是由你们班委自主管理,(我们作为班主任)尽可能少干预。"这是个很小的事情,但当时我深受触动,在办公桌前排值日表的这个场景我始终记忆深刻。如今回过头看,尽管我们班的卫生其实并不算好,也就是说我这个劳动委员做得恐怕不算成功,但对一个学走路的小孩,放手、让他迈出第一步一定比"学会走路了"更加重要。张唯老师这种对学生尊重和信任的立场更是持久地影响了我最基本的价值观,或许还有性格中某些重要的方面。

这样的经历其实还有很多。在类似的意义上,初中和高中的很多老师都对我影响深刻,限于篇幅我不能一一叙述。从鼓励我们花时间排艺术节的班级节目,到腾两个课时支持我做哲学史的读书分享,显然老师们都不是为了有结果才支持这些事情,我相信在他们心中,就是有比这些立即直接可见的成果更重要的东西。虽然我也时常和同学谈起实验可能存在的问题,但我发现自己确实是在某种教育哲学中成长起来的。建立清晰的过程本身必定不清晰,成长的路上也总是兜兜转转,成熟正是脱胎于一次又一次迷途中的往返。实验对我影响最大的地方,就是让我明白:要让学生成长,就要敢于让他们走曲线,兴趣和志向往往都不是沿直线走出来的。

> **学生视角**　未来愿景

如今依然没有确定具体的职业规划。但大方向是希望自己能在发展研究的领域继续学习,未来能为城乡、地区,甚至区域间发展做一些努力。

还希望自己能首先做好一个普通人,踏踏实实地做好自己的事。希望未来的工作也能让更多普通人彼此联结,真正地认识和释放出自己的力量,参与到改善整体社会的进程中。

第27位　2019届　李欣杨

学生简介

李欣杨,2009年进入上海市实验学校小学部,2016年首批免试直升高中部创新班。在上实就读的十年间始终保持优异成绩,并在数学、物理、化学、英语、信息等学科中获得数十项竞赛奖项。2015年当选为上实有影响力学生"炫翻编程世界,志趣不凡的信息小达人"。2019年考入上海交通大学人工智能试点班,并加入致远工科荣誉计划。

大学在校就读期间,学习认真投入,完成多个挑战性课程项目,参与的多项数学建模竞赛、电子设计类竞赛均有斩获奖项。大二加入Thinklab实验室后,在工程和科研方向进行了探索与尝试,取得了一定的成果,已发表国际会议论文一篇,并作为项目组成员参与本实验室的基准库开发工作。因学业成绩、课外科研竞赛、志愿者服务等综合表现优异,多次荣获致远荣誉奖学金、优秀本科生卓越奖学金、绍裘奖学金、校优秀奖学金等,并被评为"三好学生"。

老师视角　老师眼中的你

他爱好广泛,在邂逅计算机编程后找到了最爱,从此畅游于浩瀚的信息技术海洋;他持之以恒,连续两次参加信息奥林匹克竞赛,斩获一等奖、二等奖;他乐观向上,是同学心目中全面发展的"多面手"……他就是2015年度有影响力学生李欣杨。得知这个喜讯后,我为他高兴,并通过微信向他妈妈表示祝贺。

作为他四年的小学班主任,说起欣杨,我认为他的确在学科知识方面具备较出色的成绩,但在人际交往和表达沟通上颇有些腼腆,不善言辞,倘若没有获得信息奥林匹克一等奖这份荣誉,恐怕也没有很多人关注他。

初见·沉默

有趣的是,2015年有影响力学生中有一位李兴阳,是李欣杨的学弟,用沪语念起来两人名字的读音有些相似,但两人的性格却大相径庭。欣杨性格内向,话语不多;兴阳热情,能说会道。欣杨学科上占有优势,学校的各类比赛都有获奖,小有名气。有一天中午,我正在教室批改作业,兴阳来到我们教室,敲了敲门,我点头示意他进来。他快步走到我身旁,落落大方地问我:"您是不是李老师?"我微笑地点点头,并问他有何事,他依旧淡定:"我听说您是李欣杨的班主任,我叫李兴阳,我和他的名字很相似,所以来看看他,也认识一下您。"我一听,这才一年级啊,小家伙厉害的!于是,我把座位上的李欣杨叫上台:"欣杨,看看,有学弟找你了,他也叫李兴阳,但不同名,人家可是专程来看你和我的。"这时,小兴阳高兴地看着大欣杨,还有意识地伸出了手;而大欣杨呢,面对热情的学弟,面无表情,沉默地看着他,憋了一会儿有些不知所措。我在一旁看着真有些急,忙替他说:"欣杨,你也问候一下学弟啊!"他这才有些结巴,紧张地回答:"哦,哦,你好!"说完,立马转身回到座位上了。

两位"大人物",初见就是这么有趣!

竞选·挑战

"祝贺李欣杨,成功当选学习委员!"随着一阵热烈的掌声,我郑重地宣布了竞选结果。至今这个情景还历历在目。之前欣杨从没主动参加过班委竞选,这是他首次挑战自己竞选副班长。他走上讲台,握紧拳头,深呼吸了几次,然后面向大家,鼓起勇气开始了精心准备的竞选演讲。说实话,看他神情,他可是全身心投入在演讲中,丝毫没注意在座同学的表情。

一番演讲后,教室里响起了阵阵掌声,他眼睛一亮,露出微微的笑容,显出一副自信。意外的是,他之后的学生还制作了精美的竞选PPT,大家都啧啧称赞。我不禁瞄了一眼欣杨,只见他刚才的笑容略微有些收敛。这一轮唱票后,他和另一位同学票数并列,不得不进入第二轮投票。这时,我察觉到他的脸部稍有些僵硬,右手不断地擦拭额上细小的汗珠,牙齿也咬得紧紧的。可惜,他还是以一票之差落败。按他平日习惯,可能会放弃,但出乎意料的是,他经过了深思熟虑,重新做了选择。从事后与他沟通中得知,他当时很纠结,内心也斗争了好一会儿,觉得自己在学习上很棒,同学们又看他那么坚持,可能会投票给他。果然,欣杨最终以高票当选了学习委员。

的确,每一次经历都是一次成长,对于性格较为内向,且不善言辞的他,偶尔挑战一下,就能突破自我!

首秀·突破

三年级暑假返校的那一天上午,我接到学校通知,由我们三(2)中队派出一个小队参加周家渡社区以"学雷锋"为主题的表演比赛。根据学生就近原则以及平日小队综合表现,我指定了一小队参赛。当我传达这个信息时,小队成员之一的欣杨脸"唰"地一下白了,口中好像轻声念叨着:"我根本没有表演的经验啊!"经过一番商议后,他还是勉强接受了这个任务。由于时间紧、任务重,仅有的两次排练我都参与指导。考虑到欣杨平时话语不多,所以布置给他的台词也不多。

比赛那天早上,可能是因为他觉得自己零经验,加上紧张,又练得少,也许总想着比赛的事情,所以很早就醒来了。听他妈妈说,从家里到社区的一路上,欣杨都很不安。妈妈当时问他为什么皱眉,他答道因为比赛,而且还时不时地从妈妈包里取出稿子,一次又一次仔细地对稿。

轮到小队表演了,大家有的表演相声,有的唱歌,还有的朗诵,表演十分到位。该欣杨上场时,我在幕布旁一直看着他,他刚走上去时板着脸,神情有些紧张,走到舞台中央面对观众时,稍微放开了些,表现得更为自然,并按剧本表演着。最紧张的颁奖时刻到了,果然不出大家所料,付出的努力没有白费,大家得到了表演的最高奖项呢!陪同观看的妈妈们开心得站了起来,而欣杨跟他的同学们也激动地拥抱在一起。

正如欣杨自己所言,虽说是第一次舞台演出,但是努力了,认真了,尽力了,终究会有收获。他觉得演出对他而言,是一次新的自我突破,舞台表演其实并不是一件难事,以后再也不怕它了!

车长·随性

二年级时曾发生过一件选"车长"的事,我是从欣杨日记中了解到这个小插曲,他是这样记录的:

> 午饭后,校园广播通知所有坐校车的学生前往阶梯教室开会。我想:真倒霉,今天下午踢不成足球了!一吃完饭,我就立刻赶去了。会上主要就讲了校车上应该遵守的纪律,然后大家一起推选"车长"。推选车长时,我的心在"咚咚"地

跳。我可不是想要选上车长，而是不想要选上车长！因为我有一个好朋友，每次坐校车的时候，我们都要讨论游戏。如果没有当上车长，就可以小声讲话；但如果当上了车长，就要以身作则，不能讲话了。而且，当了车长后，每星期都要向负责老师汇报情况，所以我宁愿放弃这个光荣的责任，也不要当车长。后来，我的同班同学珍珍当选了，另一个称我为"小弟"的学长当选了副车长，我心里的石头终于落了地。

读了之后，真是既好气又好笑，小孩的心思我们做大人的有时真拿捏不准，有的孩子争着要做"官"，发号施令管理同学，可他呢，只想做个悠闲自在的"乘客"。

寄语·珍贵

四年级结业时，班级每个学生都得到了一本非常精美的毕业纪念册。其中张张精彩的相片，记录了大家这四年来丰富多彩的校园生活、考察活动……除了这些，更为精彩的就是同学们一张张灿烂笑脸旁送出的珍贵留言……

大家眼中的欣杨是个怎样的同学呢，不妨一起看一看大家送给他的留言：

做男生就应该像你一样！
你这尖子，愿你做"钉子"每一天！
你成绩总是数一数二，羡慕……愿你成为足球明星！
让我们做一辈子的朋友吧！祝你 365 天快乐，8 760 小时顺心，5 256 000 分如意，31 536 000 秒幸福甘甜。
与欣杨离别意，同是学习人。海内存你我，天涯若比邻。
数学这么好，真羡慕！
你一直是我的好朋友，让我们一起 happy！让我们一起飞扬青春，快意人生！
期待与你在中学里继续做同班同学，让我们一起努力，一同成长！
哈罗！李欣杨同志，祝你在足球场上越跑越快，成为新一代的"小贝"。
No pain, No gain！
你是我们班的数学大师，希望你在中学三年中发挥超常，将来建功立业！祝你 8888……

一晃眼,他已成为一名大学生了,也希望他能够成功迈进理科班,虽然不常见面,但我仍在一直悄悄关注他的成长……

——李军老师

学生视角　你眼中的"实验"

上实为每一位同学提供了志趣发展的自由空间和全方位支持,满足学生全面发展的多元需求和个性化发展的特殊需求。正因为这一点,我才能较早地寻找到了自己喜欢的方向,并在学习之余有更多的时间、精力以及来自校内和校外的支持,去做自己喜欢的事情,并在日后将它发展为专业选择及职业理想。

我从小兴趣广泛,爱音乐、爱运动,更爱摆弄计算机。记得小学刚入学的时候,我们的语文课就是将语文学习和信息科技的运用有机地融合在一起,借助电脑技术识字。就这样,通过学习中文输入的方法来学习拼音和认字,开启了我运用现代信息技术之路。

进入中学后,我参加了学校开设的pascal(结构化编程语言)班,喜欢上了编程,找到了最爱。学校课业压力不大,加上还有一群志同道合的小伙伴,因此业余时间我能有比较多的时间去翻阅参考书研究算法,并付诸实践,这也是日后我能较快取得信息奥林匹克竞赛普及组、提高组省一等奖的主要原因。之后,学校还为我提供了展示平台——担任pascal社团社长,更推动了我在信息领域的兴趣发展和能力提升。

高中时,学校为同学们提供了数学建模的特需课程,开辟了专门的数模教室,还安排了诸如陈夏明等非常专业的带教老师辅导。两年中,我学着将编程技能与数据挖掘、数学建模等相结合,拓展了更多领域,开阔了视野,挑战了自我。在和同学们的团队合作中,我们赢得了多项数模赛事的奖项,提升了自信心,丰富了履历。

正因为有了在上实多年的志趣发展空间,日后我凭借优异的竞赛成绩和高考分数,毫不犹豫地选择了与计算机相关的,更为前沿的人工智能专业。由于中学阶段打下的良好基础,在进入大学后,我很快适应了专业课程学习,并且保持着高度热情,持之以恒地在自己喜欢的领域内探索。

> **学生视角　未来愿景**

人工智能作为一种新兴颠覆性技术,正在释放科技革命和产业变革积蓄的巨大能量,深刻改变着人类生产生活方式和思维方式,将对经济发展、社会进步等方面产生重大而深远的影响。世界主要国家都高度重视人工智能发展,我国也把新一代人工智能作为推动科技跨越发展、产业优化升级、生产力整体跃升的驱动力量。

在此背景下,我日后将会继续攻读人工智能方向的博士。我希望自己能在本领域获得更加深入和系统的学术研究和工程应用基础,拓展阅读范围与深度,紧跟研究方向的发展动态,不断提升思维能力、创新能力和科研水平,实现科研梦想,成为一名有责任、有担当的实验人。

第28位 | 2019届 李宜澍

学生简介

李宜澍同学在2009年进入上海市实验学校小学部就读,2016年免试直升高中部创新实验班,于2019年毕业。在校期间学习成绩优秀,展现出对数学和计算机科学的浓厚兴趣,在数学方面的成绩也尤为突出,高三时多次在月考、模考中取得满分的成绩。同时,她身心全面发展,乐于帮助同学解决学习问题,也积极参与校内文体活动。

她现在就读于清华大学计算机系,并计划辅修统计学。李宜澍在大学期间依然保持对数学、计算机的热爱,在相关课程中也取得了不错的成绩。同时,她加入计算机系宣传中心、计算机系羽毛球队,拥有丰富的课余生活。

老师视角 老师眼中的你

一个求监督求鞭策的特需生

李宜澍是一个温和细腻,平时又表现得大大咧咧的女孩。思想积极,综合素质高,善于和人沟通,学业上勇于挑战和创新,具有独特思维和执着精神。高一整个学年四次重大考试都名列年级前5%,期间参加各类学科类竞赛、文艺活动多次,是一个德智体全面发展的优秀学生。

(一)

高一刚开学就是高中的第一次摸底考,初高中衔接跨度大,考卷难度较高,班上有许多同学成绩不是很理想,有些甚至考出了不及格的成绩。她就是不及格中的一个,于是我开始注意起她来。她上课认真听讲,作业工整,并且在开学以后一次次周测中成绩直线上升,经常名列前茅。可是,期中考试前不久的一次周测,她只考了78分,这成绩于她并不是很好,退步了很多,我也没多说什么,希望她自己能够反思总结。可是在接二连三的周测中她又考出了低分,作业也变得潦潦草草。我很是恼火,把她叫到办公室询问情况。下课她跑到我的办公室,还没等我开口,她就说自己犯的都是些粗心的错误。原来她参加了学校组织的比利时交流活动,刚从国外回来,还沉浸在离别的情绪中,她承认学习上的确是松懈了,并且希望不要把成绩公布给家长,怕家长担心。为了保护这个孩子的自尊心,我答应她不会告诉她妈妈,但是要求她一定要自己意识到最近学习态度的懈怠和成绩直线下滑的原因,并且迎头赶上,她一口应下。果然,在后面的期中考试中她得到了数学年级第一、总分年级第二的成绩。我向她表示了祝贺,并且肯定了她的能力。

(二)

她是特需班的成员,特需指导老师带领以她为队长的队伍参加了"登峰杯"的数据挖掘比赛。开始她是抱着试一试、玩一玩的态度,再加上与她同队的队员也不把这件事放在心上,他们组的进度拖得很慢。后来交稿的日子将近了,加上我多次与她强调这比赛的机会难得,她也逐渐意识到了应该珍惜,我也看出她心里也有些着急。有一天她跑到我办公室,说是队员不听她的指挥,常常拖时间,而且把大部分工作都推到了她头上。我首先告诉她作为一个团队应该要以团结为重,光抱怨其他队员是无济于事的,然后帮助她督促队员赶紧完成工作。于是他们的进度大大加快,在交稿前两天压线完成了论文并且提交。过了几个月她发微信告诉我获奖名单出来了,他们获得了一等奖,并且可以去清华大学参加决赛。我觉得有些惊讶,没想到她真的可以做到。

(三)

我校高一学生参加了TI图形计算器绘图比赛,要求每个人上交一份作品。开始她好像并不怎么在意这个比赛,我多次向她强调了比赛的重要性和获奖的意义。后来她也明白了这一点,便埋头苦干了。截止日期前很久她就做完了成品,画面很精致,数学元素运用得也恰当,我鼓励了她,提出了一些建议让她进行修改。交稿的时候她表示出了对自己作品的很大自信,表示应该能获奖。结果奖状下来了,却没有她的名字。她很失望,我安慰她说下次还有机会,不要因为一次失利就丢了对数学的热爱,这种把理论应用到实际、把数学和美学结合的能力是值得赞赏的,并且肯定了她的作品和对待作品认真的态度。她听了这些话,保证在下一次比赛中争取更加完善自己的作品,获得一个理想的成绩。

——张爱琳老师

学生视角 你眼中的"实验"

回想起待在实验的十年,在一切志趣、兴趣启蒙的背后,最令我感激的是在上实时刻感受到的满满的信任感——老师给予同学的信任、同学彼此之间的信任。

我记得自己小时候是一个有点内向的孩子,不太愿意去尝试没有把握的事情,甚至因为害怕答错而很少上课举手回答问题。很幸运,从小学到高中我都在上实遇到了愿意给予我期待的老师们,他们愿意在你无论高潮还是低谷时都看到你的潜力,他们的鼓励和信任让我在后来的成长道路上也愈发坚定自己的梦想。

我尤其想要感谢高中部的张爱琳老师。我印象非常深刻的一件小事是,虽然我一直很喜欢数学这门学科,但高一一开始的摸底考,满分120分我只考了不到60分。我非常失望沮丧,觉得老师肯定快要放弃我了。后来高一去比利时交换回来后,有一次考试考得还不错,但是自己仍然觉得不满意,去找张老师分析试卷时,我很害怕她会以摸底考为预期,说我"有进步了!这样已经不错了!"。但是张老师认真与我探讨了试卷的内容,安慰我肯定是因为出国交换落下了课才没有考好,相信我一定可以做得更好。我顿时感受到了被信任的感觉,也更加有了努力的动力。在课堂上,张老师还时常让我讲解我的思路,为了能够把思路清晰地展现出来,我也养成了不局限于得到结论或者做出题目,而是经常去思考结论背后可能并不要求掌握的推导过程,琢磨一道题的不同解法的学习习惯。于是,高一时,我的成绩逐渐提升、稳定,开始提前预习高中的全部数学内容,充实的同时也让我对数学这门学科建立了信心。

后来,张老师也一直信任我,给予我许多珍贵的机会,如参加、体验数学竞赛等。高一下学期时,张老师把我叫到办公室,问我既然已经预习过很多高年级内容,想不想参加"新知杯"数学竞赛。我当时非常惊喜,因为我从小基本上没有参加过数学竞赛,也一直觉得竞赛与自己无关,这个突如其来的机会让我感到新奇、激动。后来的一段时间里,我的座位被调到了后排,以便和班级里的竞赛大佬们一起讨论、学习竞赛的题目。那段时间我接触到了一些竞赛的思维,开拓了思路和视野。不过,那次特别的竞赛经历对我来说也像一把双刃剑,让我收获了很多知识的同时,却也开始草率对待课内的知识和作业。在后来的几次考试中，我非常急躁，常常取得很不理想的成绩。刚开始，我还十分不以为意，辩解道是因为把时间都花在了竞赛的学习上。逐渐，我发现就算我尽量认真去对待，也常常无法静下心来完成课内的任务，而总是到处犯粗心的错误。我开始有些害怕，但是由于自尊，却还是极力表现出无所谓的样子，安慰自己虽然犯了粗心的错误，但还是找到了解决难题的思路，艰难地强行保持着自尊和信心。但是，张老师很快发现了我的异常。我至今仍然记得，高二上学期的期中考试，我的数学填空题前五题基础题错了四题。我走在放学回家的路上，收到张老师给我发的试卷照片，她说："你这样怎么让我放心！"在张老师责备的语气中，我感受到了她对我的失望和背后仍然存在的期望，不能辜负张老师的决心也在我心中生出。在那一刻，看着四个鲜艳的红叉和旁边写的"—20"，我意识到真的不能这样下去了，是时候放下曾经获得的好成绩和骄傲，承认自己的不足，踏踏实实地改变。后来我也明白，张老师对我的信任和关爱绝对不是一味地包容和袒护，而是奖罚分明，有鼓励，也有责备的鞭策。这样的信任不仅给了我对未来的信心和期待，也使我有面对现实、承认自己不足的勇气和努力奋斗的踏实。非常庆幸，在张老师的陪伴下，我在高三之前重新调整自己的状态，在借鉴竞赛思维的同时，也踏踏实实地一个个知识点、一道道基础题重新温习，最终在高三开学时找到了稳定的状态。之后，张老师见到我时总会夸我："你现在可真让人放心！"我知道，我没有辜负张老师的信任，我也非常明白，正是这样的信任陪伴我走过一个个低谷，塑造了我乐观坚定、敢相信也敢失败的心态，现在想来依旧十分感激。

这样的信任感留给我的底气也一直延续至今，让我能够真正敢想敢做。刚进入清华时，我并未如愿进入心仪的计算机专业，需要面临转系的压力。转系的过程并没有我最初想象的那样顺利，而是更加漫长且曲折。现在回想，在这个过程中能够一直坚定并不容易，这些都离不开过去十年浸润在信任里的那段勇敢的岁月，那些让我坚定相信自己是有力量的时光，我想我的力量正是来源于此。

学生视角　未来愿景

目前我对计算机视觉这个方向较为感兴趣，毕业之后会去卡内基梅隆大学读计算机学院机器人研究所的研究生。在研究生毕业后，我也期待自己能够成为一个不仅对应用、研究计算机科学，而更是对计算机领域的科技发展，尤其是我国相关领域发展有贡献（哪怕是细微的贡献）的人。

第29位 | 2019届 孙辰玥

学生简介

孙辰玥于2016年9月至2019年6月就读于上海市实验学校。在校期间她认真踏实，热爱思考，尤其对文学表现出极大的兴趣，在特需课程的学习中完成了"张爱玲40年代的战争书写"研究小课题。在学习之外，她待人友善，开朗向上，乐于、勤于、善于发现生活与生命之美。在老师们的引领和鼓励下，她曾参加第七届全国中学生诗会，在2018年的校艺术节中为年级诗歌朗诵创作《春见》，参与校内"绿叶社"樱花季公益诗会与上海市历史博物馆暑期教育活动等志愿服务。2019年6月如愿考上了复旦大学中文系。

如今，她已是复旦大学汉语言文学专业的一名硕士研究生，专业成绩名列前茅，完成了复旦本科生学术研究资助计划"曦源项目"的研究课题"葛亮小说的江南叙事"。同时，作为一名党员，她也积极承担了许多学生工作，担任年级团总支书记、"彩虹坊"女性生涯工作室项目负责人、任重书院学生自我管理委员会主席等，在服务奉献中不断提升自我。曾获国家奖学金、宝钢优秀学生奖学金、复旦大学优秀学生干部标兵等荣誉。

老师视角 老师眼中的你

或许才华是偶然的，但要使才气厚积薄发则必然需要一如既往的钻研与努力。孙辰玥同学便是如此，她对人文学科有尤为深厚的热爱，而在实现自己梦想的路上，她展现了与众不同的勇气与毅力。

许多人认识孙辰玥的原因来自《春见》，这是她为上实第八届读书节创意诵读会高二年级的朗诵节目所创造的一首诗歌。"春见谦谦君子，春见义胆豪侠。"这首诗歌的风格与众不同，它并没有强烈抒发对梦想的渴望，也没有通过大量的引经据典来营造厚重的文学意蕴,而是书写《史记》成书前司马迁走遍河山,重现西南联大教授学生共筑的民主堡垒,从而引发少年对这些美好事物的向往。孙辰玥谈到这次创作时说,她最初最执着的动力,是写一首能引起少年共鸣,能以情感波动感动所有人的诗歌,而且她坚信这种力量应该是来源于真实而独特的内心写照。实际上孙辰玥的创作灵感与她那时的阅读经历息息相关,当时她正在读《西南联大国文课》,看到联大在摘录《论语》时尤其选择了《子路曾晳冉有公西华侍坐》而感怀不已。当孙辰玥看见一众知天命而独行其道的精神特质里真切地存在着如此一种"浴乎沂,风乎舞雩,咏而归"的自然率性,她顿时觉得自己所希望表达的正是一种不俗的声音。这首诗歌的独特之处在于其中有少年对追寻美、实践美的领悟,正如"美在行走,美在仰望",孙辰玥在分享创作感悟时说:"我希望少年能体悟历史来褪去未经世事的轻狂,我也希望那些历史中卓然的风姿能够唤发我们每一个独立的品格。"

孙辰玥总是在为自己的梦想奋斗,即便遇到看似不可调和的困难,她也坚持用自己独特的方式去实现。孙辰玥是高二年级唯一一个同时选择历史与政治的学生,由于课时冲突,她只能在同一时间上其中一门课。最终,由于任课老师的理解与宽容,孙辰玥用实时拍摄这种特殊的方式拍下了每一堂历史课,放学后在家进行一个人的课堂。而每一次的考试与练习,她也都是凭借自己的自律认真完成。不过,即便这样的历史课堂要求更高的听课效率,她仍然认为这种不同寻常的体验也是一种不可多得的收获,她因此用与老师更多的课后交流来发现自己的疏漏,同时也在这种模式的进行中不断训练自己自主学习的能力。

孙辰玥在特需课程中研究"张爱玲40年代的战争书写与现代性",从现代美学、心理状况与战争思考三个维度分析张爱玲与现代性之间的关系。这一前人较少触及的具体研究角度要求她必须去学习更多的西方现代性理论,并且结合张爱玲的小说和散文进行分析,最终才能形成自己的观点。于是,在两年的特需学习中,孙辰玥不断探寻更成熟的研究方法,以理论内涵来充实自己的论证,找到了独到的研究角度,最终呈现出逐渐深入的分析成果。当然,对于自己陌生的领域,孙辰玥也希望通过挑战自我来提高多元发展的能力。孙辰玥尝试研究社会科学,目的正是为了使自己对社会现象的观察能够建立在收集数据、合理分析的基础上。她向指导教师林东青老师借来了香港的高中经济学教材,经过纵览、研读、访谈以及对法律、经济学基本理论的自学之后,最终写成一篇论文《对于摩洛哥绿茶出口我国受关税及绿色壁垒相关法令影响的分析与研究》,并获得上海市青少年科技创新大赛二等奖。在研究背后,孙辰玥有自己远大的理想,她希望从一个微小的角度了解世界的贸易与融通,而以一代少年的视角提出自己的振兴观点。

孙辰玥始终以朴实的方式聆听他人的思维碰撞,然后沉淀并绽放自己追求的人文之美,以平凡的奋斗成就不平凡的可能。

——姚谨老师

学生视角　你眼中的"实验"

对我而言,实验如同一座魔法学院,充满了太多不可思议的奇迹。在高中三年的学习中,每一位老师都无私给予了我无限的包容与关爱。当时,我在数理化学习方面极为薄弱,尤其是数学学科,日日与其"殊死搏斗"而每每"落荒而逃"。

然而,在我身边,却从来没有出现过"怎么还学不会""怎么办,这样要考不上大学了"等质疑的声音,有的只是姚谨老师不断鼓励我要坚强、要不懈努力;张爱琳老师抽出更多时间带着我坚持做好一套看似"笨笨的"实则扎实、细致的训练;张捷老师看出我逻辑思维能力的不足而在儿童节送我一本《讲理》为礼物,当时我以为这只是为了帮助我进行更好的议论文写作训练,如今回想起来,才懂得其中的融会贯通之道与老师温暖的支持。

在我身边,更多的是"那就去试试看""我相信你"等许许多多坚定的鼓励。如果没有语数外三位老师的鼓励,我一定会觉得,人生的道路就只有眼前这座独木桥,人一生的发展都只和此刻有没有能力考出一个好分数相关。而对我而言,一场考试、一个弱项就意味着无限的未来都将会被无情关闭,我根本无法找到并追求属于自己的梦想。但是,老师们是那样温和地接纳着我的脆弱,守护着我对文学的热爱,不仅发现那微小星光之所在,更让我看见捧起它、点燃它、实现它的可能与方向。也是老师们让我意识到,其实星光之有无,并不意味着优势与劣势、聪颖与笨拙的二元对立——每个人都有值得珍视与发扬的光芒,例如好奇心、勇气、想象力、更坚强的意志力——它们无一不是生命本真的组成部分,无一不通向整全的心灵。

如果没有胡晓玲老师与林冬青老师的宽容,没有许多老师同学的帮助,我也绝不可能在那一整年里以录制视频的方式完成了历史课的学习。有许多瞬间,当我背着两门学科的书穿过走廊,拿到同学帮忙细心记录的笔记,错开时间去完成有老师陪伴我的"一个人的考试"时,我都会忍不住惊叹自己仿佛是像赫敏那样被赋予了一部"时间转换器",得以穿梭在不同的课堂之间,自由而充分地汲取知识。最终,我带着所有人的祝福,一步步打下了人文学科的基础,怀揣着饱满的求知热情在之后的大学学习中继续前行。

在毕业典礼的学生发言中,我写下这样一段话,表达了我对实验最深的感恩之情:

"它让我知道,天赋也是使命,如果钟情,终可等来一往而深。它让我知道,每个人都有自由成就自我,有权利被珍视为独一无二的个体去尊重、欣赏。它让我知道,人类的创新、突破不是为了标新立异,而是为了一次次印证我们存在的意义——我们犁的土,都是星尘,我们在水中,饮下了一整个宇宙,我们经过数万原子的塑造,才彼此相遇,才相互成就。"

学生视角　未来愿景

如今,我希望可以在硕士阶段多多读书,多多拓展认识世界、理解世界的视角,尤其是提高自己深入历史现场、在研究中"将思想深度和丰富历史细节相互融合"的能力。在没有真正踏上学术研究之路前,我不敢夸口自己的能力和毅力究竟可以支撑我走到哪里,但我相信,当年乘着"时间转换器"翱翔的激情永远存在,我将带着这份最为宝贵的、由许多人所共同塑造的精神源泉去踏实走好最基础的每一步路。

与此同时,如果是一个更长远的理想目标,我希望自己可以勇敢地迈向更广阔的世界,从文学到文学之外的国家经济、民生等各个领域,为服务社会发展贡献自己的研究能力与实践能力,以自身的成长为媒介,探索当代青年应如何发挥专业所长而融入时代发展,深刻领悟中国精神,探索中国道路,讲好中国故事。

第30位 | 2020届　方骏祺

学生简介

方骏祺于2014年9月进入初中部，2020年7月毕业，在校时成绩优异，现于清华大学计算机系就读。

高中基本都是年级第一，2020年高考上海市并列第三名。

老师视角　老师眼中的你

说到"好学生"，大家一般想到的就是一个品行端正、成绩优异、做事主动的孩子。而在6班这个成绩突出的班级中，又有一位同学好得出奇。这位"方小波"同学可谓是"好学生"的标准模板。

他长得像哈利·波特（纯粹的汉族），一眼看过去像"小波"（天线宝宝之一）。

课 代 表 波

谈到"小波"二字的由来，相传是来源于"天线宝宝"中的呆萌红色宝宝。看到这个名字我第一反应是，这是一个文静善良的小男生。当我与他慢慢相处之后，我越发觉得他有些"佛系"。他总是笑眯眯的，不慌不忙的，兼之一手漂亮的书法，我让他担任了语文课代表。

做我的课代表，需要高效率，能在短时间内完成很多任务，刚开始的他总是找不到合适的节奏。我让他在每节课预备铃打响后带读课文。可是我每每期待伴着悠扬的朗读声走进教室，看到的永远只有小波忽闪忽闪的大眼睛。

我们之间的对话常常有时间差。

"我不是让你上午就来吗，怎么现在才来？"

"嗯。"

"我本来打算上午让你帮我查作业,下午帮我输作文成绩、发作文本的。你看现在,时间都没了!"

"嗯。"

"那你赶快查吧,再叫几个同学过来帮忙。我们要按时来、立刻做、马上干!"

"嗯。"

尽管方同学仿佛始终游离于事外,但我发现他总能把事情做得有条不紊。他慢悠悠地抱着一沓作文本走进我的办公室,慢悠悠地坐在电脑前,不一会儿,原先满屏的数字变成了红红绿绿,一眼就能看出每位同学的进退步情况、各自的优势和劣势项、班级均分的走势等。

其实,他是胸有成竹的。

于是,我开始用一个"拍皮球"的胖乎乎的表情包来召唤他,收作业、发卷子、登成绩,一切尽在不言中。渐渐地,他开始提醒我:"拍皮球"——老师您在哪里?"小波转圈"——全班作业交全。他在用自己的方式提醒我,从不长篇大论发微信,基本只是一个表情几个字。

高二即将结束,小波和我一起做了高二下学期的语文学情分析。

方(语重心长地):"我们必须在假期里把暑假作业分解一下,然后让每个同学都能统一步调完成作业。"

朱:"好,拉群,分7个小组。"(此时下午4点)

晚上11:25,我惊呆了,他做出了小组表,每个小组高一到高二大考均分相差在0.02—0.13分。也就是说,这个课代表用数据微妙地告诉所有的小组长:高三开始,语文以小组为单位进行插红旗比赛!他把数字化管理用到了语文上。

数学老师(小月)一直说:"你抢了我的数学课代表啊!"这下,我信了。

高二暑假第一周,我把假期作业大致分解要求和小波聊了一下。

方:"老师,假期作文怎么监督?"

朱:顺水推舟讲了每组3个点的监督和表扬方案。

方:"我要想一下。"

晚上11:00,方小波给我发了自己作文的3个困惑和另外两个"语文读书写作代表"的困惑,示意我按照三个人的问题,作出语文作文批改和指导的3个层次和目标。

  朱:"好,我照章执行!"

7月1日开始,整整两个月的假期,方小波每周会固定地让我想起他4次。
每周五:作业分解初稿。
每周六:作文布置点什么玩玩?
每周日下午:作业分解定稿准时发小组长群。
每周三,"方小波"准时在群里呼唤一声:作文抓紧。
他像极其准时的计时器,到哪个点做哪件事。慢悠悠但是绝不拖泥带水,非常有计划。

8月10—18日,我负责新生培训+军训。7月29日,方同学发微信给我。

  方:"老师,你在军训基地带电脑吗?"
  朱:"带的,团队要排练。"
  方:"电脑还可以用来批作文。"
  朱(恍然大悟):"好吧,但是能否休息一周?"
  方:"可以,正好清北学生夏令营。"
  朱:"咦,你在哪里?"
  方:"清华。"
  朱:"不好意思,你在北京还惦记着语文假期进度。"
  方:"必须的,你太忙,我得提醒着你,谁让我是语文课代表呢!"

  人世间最难相遇。我们每天与很多人擦肩而过,但这不是相遇;我们不停地认识一些人,互相开着玩笑,这也不是相遇;只有在深入了解的时候,你突然觉得乾坤倒转,原来,学生完全可以做我的老师!
  在这个暑假,我体会到了:老师也会想起学生。和学生不同,老师会忽略与学生的不愉快,更多的是想学生的好。学生比老师年轻,有更宽广的世界、更丰富的生活。

因此，作为老师，假期里我不会主动联系学生，怕打扰他们。爱热闹爱生活的老师经常期盼被学生打扰，图清静的老师希望自己的学生在哪儿待着好好的，其实本质上没有区别，学生偶尔的一句问候，或者有幸你碰到一个会"督促和要求"你的学生，那才是受到学生最本质的尊重！方同学用他的定时、定点、定量精准地帮助我，真是理科脑子的语文课代表！

古 诗 文 波

方同学的理科水平从初中起就十分突出，但高中刚入学时他的语文算不上拔尖。尤其是作文，往往寡淡平平，总缺少深入的思考。他曾拿着摸底考的试卷，向我请辞语文课代表，似乎对他来说，提升语文是无法跨越的门槛。

但我不认为。即使语文的天赋各人有别，凭他的理科素养，他的理解能力和融会贯通的能力，辅以足够的努力，高考范围内的语文不应成为他的障碍，更不该拖他的后腿。对方同学这样一个理科生而言，现代文和作文都需要长期积累才能攻克，不能急于求成，而古诗文理解则是相对而言最适合他的思维方式的模块。于是，我非但没有批准他的辞职请求，还给他开出了长长的古诗文书单，发给他积攒多年的古诗文竞赛复习资料，让他定期向我汇报学习进度。目标很明确：攻克古诗文，课内竞赛两手抓。

师父领进门，修行靠自身。出于强烈的提升语文的意愿，或许也出于身为课代表的责任，方同学严格执行了我的计划。在平时的课余时间和假期里，他慢慢啃完了《史记》《红楼梦》《古文观止》等一系列作品，也读了不少关于诗词格律的教材。当然，语文的学习是细水长流，不可一蹴而就的，但在短短一年里，方同学的语文已经有了显著的进步。高一的古诗文竞赛，他获得了二等奖，对他来说是不可思议，对我而言则是意料之中。

更让我欣慰的是，他主动地找各式各样的书阅读，从他的文章中，在与他的交谈中，我感觉到语文对他已不再是负担，同时也确信他的能力不止于此。我有意让他整理上课所需的文档，标注出其中的一些重要段落，对重点字词加以释义。看似简单的整理工作，却能使他更好地熟悉和掌握文本。到了高三，我组织了几次由同学主讲的课堂，每次针对一种特定的体裁，几位同学分别赏析这一题材下的几篇名篇，而由方同学串讲这一体裁的演进历史。尽管思想有时尚显稚嫩，但我肯定，方同学开始步入文艺的春风了。

一切水到渠成：高三，方同学获得了古诗文竞赛的市一等奖。

建 模 波

"方小波"同学在各个学科上都有自己的优势，而在以数学为代表的理科上更是突出。这不仅体现在他高一就在市级的数学比赛中拿奖，更体现在他在建模方面的表现。

每次开学后不久，都会有两次建模比赛要参加，这对刚刚接触数学建模的高一同学是一大挑战。这两场比赛高一同学通常是作为高二组的跟队参加，以便熟悉建模，但方同学在第二次比赛中被指定为高一唯一一组单独成组队的队长，几乎是从零开始摸索数学建模的规则、技巧。为了应对这次挑战，他在比赛前的一个月里拼命学习建模知识，《数学建模》《高等数学》这些本该是大学生的数学教材，他都仔细学了一遍。尽管只有短短一个月的时间，"小波"却已经把这些艰深的数学知识学得八九不离十，终于，在那次比赛中，他们组取得了不亚于高二组的好成绩。

在数学建模比赛中，他当之无愧能够代表实验学校的实力。

艺 术 波

作为优秀学生，"小波"真的可以说是德智体美劳全面发展了。在音乐方面，"小波"擅长的是他所热爱的钢琴。据他说，进入高中后学业明显变得繁重，平时练习钢琴的频次也减少了不少。钢琴的练习一旦不到位，手指的控制力就会大打折扣。幸好，方同学的艺术老师从初中开始就关注他的钢琴学习，平时总会问问他琴练得怎么样了、最近在弹什么曲子……老师的鼓励成为他坚持练琴的动力，每天都尽量抽出时间练习一会儿，终于把钢琴这项兴趣爱好坚持到了现在。

我曾看到他弹钢琴的视频，宁静温柔的琴声和他本身自带的优雅气质确实搭配得十分完美。触碰琴键轻重的拿捏恰到好处，在场同学从嘈杂中突然挣脱，不难看出这乐曲也是有一定吸引力的。艺术这件事情需要的既是天赋，也是坚持。在众人都臣服于学习的压力时，他能够依然坚持自己的爱好与兴趣，是一种勇气，也是一种能力。

方同学的全面发展、理性沉稳都是他在学习道路上不可多得的一种财富和实力。作为众人眼中皆为黄金的"小波"，能否让他闪耀出真正属于他的光芒，这对于我来说是一种期待，也是一种压力。

最后一节高三语文课,我做了一篇长文并给每个学生送了一句话,方同学的是:

> 方日出青山青山在人文不灭,
> 骏骥越江海江海流斯文长存,
> 祺祥时空师生携手鹤鸣九皋!

——朱琳老师

学生视角　你眼中的"实验"

在实验,我度过了六年自由的学习生活。很幸运,我能够在实验遇上这么多良师,他们也是我的益友,他们的指引和陪伴使我站上了更高的舞台,继续前行,继续攀登。

很幸运,我能够在兼容并蓄的环境下学习,我从中收获的是成长,而不只是成绩。初中时,我最感兴趣,也最擅长的是数学和物理,课内的作业不构成难度,只能略微增加我的熟练度。徐大玮老师和潘新竹老师早早发现了这一点,在中二、中三作业考试难度都逐渐提升的时候,他们来和我"谈判",只要成绩继续保持,课内作业全免,改做他们专为我布置的难题。现在回想起来,这样的举动对于两位老师而言无疑是一种冒险,同时也是对我极大的肯定和信任。这种信任激发的是我对理科的兴趣,尤其是对探索理科的兴趣,而非对作为应试科目的理科的兴趣。我依然记得大脑高速运转的酣畅,我拥有了在课间、在放学后、在我空闲的时候都能够保持思考的能力;我也记得我每天期待的是中午和下午的大课间,在这两段最长的休息时间里,我才能和老师们最充分地探讨问题,即使一时没有最终的答案,讨论之中也总有新的想法涌现,这是我继续思考的基石。在此之后,我遇到了许多难度更大的挑战,在未来也将遇到更多,但幸运的是我很早地养成了思辨和探讨的习惯,往往是对久久思忖后灵光一现的期待,激发出巨大的潜力。

高中面临着高考的压力,我依然得以在实验逃过鸡血的摧残。语文始终是我的弱项,朱琳老师却让我做语文课代表。坦率地说,最初形势所迫,我无奈之下不得不发愤学语文,多读、多看、多写。我也曾以进入高中时并不拔尖的语文成绩为理由提出放弃课代表的职位,但朱老师始终坚持,始终相信我具备学好语文的能力,始终以更高的标准要求我。从被逼无奈,到习惯成自然,到主动地阅读思考,这些变化是从前的我难以想象的,语文从此成为我生活中不可割舍的一部分。到了本该是最痛苦的高三下,在题海战术和原来的学习节奏之中,我选择了后者,这是我至今犹感庆幸的决定。我依然可以弹钢琴,依然可以看书,依然可以以我的节奏学习和生活。我的班主任彭捷老师十分鼓励我这样"轻松"的态度,很难想象在实验以外的任何一所学校我能够享有这样的待遇。当时正值疫情最严重的时期,居家学习让我有了更多时间看书、记读书笔记、写作、整理文档,这对一个即将高考的学生而言几乎是彻底的不务正业,但事实证明,那恰恰是我语文进步最大的一段时间,最后的一考定乾坤,很大程度上要归功于当时的"不务正业"。"顺木之天以致其性",看起来十分容易,但这坦途的前提是对自己的能力、自己的所长所短有充分且准确的认识。这离不开老师们对我的潜能的发掘、对我能力的信任,他们往往比我自己更早、更准确地了解我,在指明前进的方向之后,便放心地让我走自己的路。

当然,那段时光带给我的不仅仅是成绩的提升。进入大学,在一门讲《论语》的选修课上,老师旁征博引,提到《大学》《诗经》《周易》,又引申到欧阳修的《朋党论》、梅贻琦的《大学一解》、林清玄的《生命的化妆》,无一不是朱老师带我们读过的文章。很多人认为,对于非中文系学生,语文的学习到高三为止,但对我这样一个计算机系学生而言,人文学科所积累的底蕴、训练的素养是此后众多问题的思维和认知起点。如果专业知识堆砌得越来越高,对人、对自然、对世界的理解却始终停滞不前,将变得和人形的机器无异,最后的归宿或许只能是糊里糊涂地被人、被自然、被世界抛弃。

我读到马克思的一段话:"这决不是说,劳动不过是一种娱乐、一种消遣,就像傅立叶完全以一个浪漫女郎的方式极其天真地理解的那样。真正自由的劳动,例如作曲,同时也是非常严肃、极其紧张的事情。"我想,在实验自由的六年也像作曲一样,让我享受,又令我磨砺,使我回忆,使我珍视。度过了这六年,我可以自豪地说自己是可造之才,没有辜负老师们的信任,没有辱没老师们的慧眼。毫不夸张地说,这六年是对我"生命的化妆"。

学生视角　未来愿景

计算机是我目前学习的领域,也会是我此后奋斗的领域。实验学子有着无限的精力和创造力,这正是计算机领域所需要的。中国的计算机技术快速发展,遭到美国制裁，这既表现出中美两国技术上的差距，也反映出中国的快速发展已构成对美国的威胁。但制裁并非致命打击，弥合中美间的差距，使中国逐步获得话语权和标准的制定权，是迫在眉睫之事，也是吾辈使命。

计算机领域日趋庞大，已演化出众多分支。为初步了解各个分支，为我日后具体工作方向的选择打下基础，我仍须在之后几年进一步地深入学习。但无论如何，我都将肩负实验人的社会责任，怀揣对理想的激情，发光发热，再展宏图。

第31位 | 2021届 赵思诚

学生简介

2011—2021 上海市实验学校

在校期间学习成绩优秀,竞赛成绩突出,获得2020年化学奥林匹克竞赛银牌,且数学、物理、生物、信息奥林匹克竞赛均有获奖。

2021年至今

北京大学化学与分子工程学院化学专业,本科。

老师视角 老师眼中的你

我第一次听到赵思诚的名字是在他小学直升初中的一次衔接会上,我听小学老师说,赵思诚到哪个班,哪个班的班主任要倒霉了。

我上了个心,调阅了学生个性发展跟踪平台上的关于赵思诚的个性卡记录,小学四年,有关他的记录共有52条。

一年级时老师记录:

> 课堂上一向我行我素的他,今天第一个就完成,问他为什么,理由很简单:老师,我想出去玩。可告知他这字迹不端正,需要重写。还没等我反应过来,他人已经躺在地上号啕大哭起来了。
>
> 上课时,在用尺弹卷笔刀,卷笔刀弹到了同桌头上,于是我把卷笔刀收走,并告诉他,下课后会还给他,因为他影响了别人。随后他就开始号啕大哭,还大声叫喊:"为什么收我的卷笔刀,难道我裤子犯错误了,你也收我的裤子吗?"

二年级时老师记录:

自然课上，由于他自己书没有带，同桌也不愿意借给他看，他就去抢同桌的书，抢不过来就又号啕大哭："我不要，我不要，她不把书借给我看，她不借我。"

赵思诚最近又有些问题，在班级里欺负同学，我们专门找他父母来谈话，我也与小赵进行了单独的谈话，我觉得他在心理上有些障碍。我问他："你为什么要欺负同学？"他说："我不喜欢他们，我喜欢的人我不去惹他们的。"

三年级时老师记录：

昨天数学测验，他考了94＋20，他拿到试卷就在说："我没有达到及格分！"今天我在批订正卷，看到他的卷面上写道："加油！！！下次必须95＋20以上，拿到前5名！！！及格线：95分！！！我能行！！！！！"并且画了一个奖杯，写上了得最高分的两个同学的名字和分数。

四年级时的记录：

今天范老师经济课，小赵又因为没有当上经济实践活动的组长而大哭大闹了，他还不停地抱怨："从一年级到现在我都没有当过组长，我就想当组长，不当组长我就不参加了。"为了当经济活动组长的事，我告诉他两点：1.要是我，也不会选只会用哭解决问题的人，遇到问题了，大家跟着你一起哭吗？2.要大家都抢着来选你当组长，都觉得有你当组长小组才会赢。他听后点点头说："到了中学我一定要让人家来选我当组长。"

虽然只摘取了部分，但总体看小赵不是一个乖巧的孩子，我行我素，以自我为中心，稍不满意就要大叫大嚷大哭大吵，让小学部老师操碎了心。

第一次开初中年级会，看到有个学生坐姿明显跟别的同学不一样，一问，是赵思诚。他胖嘟嘟的，眼珠子不停地转，似笑非笑的脸，有点滑稽，但不讨人厌。

初中第一年，我上他们班的时文阅读课，他上课很活跃，没显现出什么特别状况，我提的问题不管简单还是复杂，他都把手举得高高的，唯恐你看不见。我跟老师们交流，他们说，你是校长，他当然识相。我心里暗想，这孩子够精怪的。

第一学年结束的最后一节课，我跟往常一样上课，在下课铃响的时候，赵思诚冲上来把一块黑板拉开,露出了全班同学写的留言,满满的感恩与惜别之情。这些孩子才十一二岁啊,我非常感动,那天,我抱了抱赵思诚,觉得他此刻是真诚的。

但时不时听到他的信息,传到我耳朵里的基本都是不太好的。比如,一节课插嘴七八次,打断老师讲课,导致老师当堂内容讲不完;若老师批评他,他就大声回应"为什么老针对我,你们都针对我";实习老师来上课,他拿出一个香蕉大口吃,老师批评他,他说副课不重要,再说肚子饿,吃了反而上课效果好;体育课经常耍赖,老师要求操场跑圈,他横穿操场,又跑回出发点,理直气壮地回答老师:"我从出发开始,跑到对面再跑回出发点不就是一圈了吗!"更有甚者在课堂上打同学,老师阻止他,问他为什么要打同学,他说:"谁让他成绩比我好,我就是要打他。"

整个初中阶段,违纪单领了不少。好在他认错的态度比较好,他会跟老师道歉,他也会跟同学道歉,甚至让被打的同学打回自己。

他的学习成绩一直非常好,在学习上投入度非常大,但是逐渐显现出一个非常明显的特征,只希望自己成绩好,容不得别人比他好,所以他的人际关系一直岌岌可危。

升到高中,他一如既往上课不断举手,老师为了照顾其他同学不请他,他就插嘴,老师说,你再插嘴我扣你的平时分,他是班里唯一平时成绩 100 分的同学,他一听马上停嘴,下课去跟老师说:"以后我不举手你默认我举手,因为我每一个问题都能回答。"

他经常某一科的作业不交,老师要扣他的平时分,他在老师桌上留一张纸条,上面写道:"我不交作业是有理由的,如果你扣我分,我到校长室去告你。"气得老师吹胡子瞪眼。

但是到了高二以后,不太有赵思诚的消息,再一次听到他的名字,是他参加各级化学竞赛拿了不少奖,最高的奖项是全国化学竞赛联赛银奖。学校在升旗仪式上给他颁奖,他已经长成一个高高大大的男生,说话彬彬有礼,举止落落大方。

有一天,我见到他,笑着说:"赵思诚,你现在有很大进步啊,没听到你的坏评价了。"他对我说:"徐校长,您不知道啊,以前我像只刺猬,遇到不高兴的事情张开刺去刺人家,现在我把自己卷起来刺自己。"这段话我至今还在回味,一个学生从刺别人到刺自己,他的内心有多少痛苦和挣扎,我们老师有多少了解呢!

再一次约赵思诚来我办公室是在高三最后一个学期。有一天我在午餐时坐在赵思诚的语文老师对面聊起他,老师说他天天到办公室约老师评讲作文,老师带高三两个班级语文,每天五六节课,回办公室想喝口水他就跟进来,老师说想休息一下再约,他不依不饶,盯着老师说:"老师有责任帮助有需求的学生,不能推诿。"搞得老师很难受。我说我来帮助他,我是语文老师,虽然多年不教高三,但辅导作文还是可以的。当天我就把他约来,要求他拿上近期的三篇作文。他中午很快就过来了,我仔细地看了他三篇作文,结构完整,语言流畅,表情达意基本符合题意,但是缺乏见解的独特性,分析的逻辑层次比较简单,属于中规中矩不偏不倚的高考二类卷水平。我开门见山地对他说:"你不要纠结了,你现在只要保持好这个状态就可以了,你没有写一类卷的水平。"他看着我,有点不甘,我说:"你的化学水平也不是其他人所能及的,每个人都有天赋最擅长的部分,也有一般的部分,你得认这一点。"也许他对我比较信任,之后他就不再去盯他的语文老师了。

在上实完成了从小学到高中十年的学习,终于毕业了,结果也皆大欢喜,他考上了北京大学化学与分子工程学院化学专业。他再一次来到我办公室,看到他表情若有所失,我问他还有什么遗憾,他说没能跟学长王可达一样牵着女朋友的手一起进北大。我笑了,对他说,你在上实待了十年,大名底细人尽皆知,到了大学,重新开始,不仅学业要精进,更要学会与人相处,未来社会不是靠一个人孤军奋战,要懂得合作,换位思考,这样你的身边自然会有朋友,当然也会有女朋友。

我们还谈到了他的家庭,谈到陪伴他一路成长的母亲,谈到他们的亲子关系,他甚至把他的日记全部拷给了我,让我看到了赵思诚不为外人看到的更深层次的内心世界。

一个天赋极高,家庭期望和自我规划一样高的孩子,其实比普通的孩子活得要痛苦得多,他的所有的行为都是内在挣扎的外显。我在很多场合讲过这个观点,生一个天赋异禀的孩子未必是幸事,若我们的天赋不及孩子,我们就无法理解孩子和帮助孩子。所以无论是家长还是老师都要不断地学习,尤其是对智优学生的培养要进行专业的学习,只有这样,才不会误判这一类孩子为问题学生,为他们创造更适合他们的学习环境,让他们的天赋才华真正得以展现,成为社会急需的拔尖创新人才。

——徐红校长

学生视角　你眼中的"实验"

在上海市实验学校的十年经历让我一辈子受益。

这里是包容的实验田。由于个性使然,我自小特立独行,我行我素,规则意识薄弱,有时还会挑战权威,为此屡被处罚,并自食糟糕的人际关系苦果。但实验学校并没放弃我,她知道每一个孩子都是一朵独特而美丽的花,都有自己不同的生长期。而我就是一棵需要长时间等候的花朵。她给我足够多的时间帮助我在犯错中反省,在犯错中改变,在犯错中成长。我记得最严重的一次犯错是,我在初二的时候老是拿同学取乐,自己开心了,却没有考虑同学的感受,而导致同学家长投诉学校,要求学校处理我,让我转学。学校为此特地允许我妈妈来到学校陪伴我度过那段艰难时期。此外,高中阶段是我们思想成长和人格完善的关键时期,学校为我们每个人配备了导师。当我迷茫时,我可以从很多渠道获得帮助。特别感谢班主任陈珺珺老师对我学业的指导和日常的包容,感谢导师朱德凤老师多次在放学后不厌其烦地开导我,还有徐校长百忙之中依然愿意聆听我的心声。他们每一个人都给予了我极大的耐心和关爱,感谢学校,以这种积极的教育方式,让我逐渐改变。

这里是创新的实验田,每个人都可以自由地发展自己独特的才艺。学校定期开展科技节、艺术节、读书节,鼓励同学们努力创新、大胆地发展自己独特的才艺。学校在初中开设了信息奥林匹克竞赛班,在高中开设了建模竞赛班,最为擅长数理的同学们所青睐。在班主任陈珺珺老师和主要指导老师陈夏明老师的强烈支持下,我非常有幸地参加到这两门课程的学习,我的数理知识得到了极大的提高。到了读大学的时候,我才发现数学建模思维和计算机编程能力对我的帮助实在是超乎想象,它甚至都已为我将来的学术生涯奠定基础。我还记得学校的连廊建起来以后,我经常跑去艺术楼弹钢琴。就是在那里我提升了音乐素养,以至于现在音乐也随时安慰我、启迪我。此外,我还特别怀念体育课打乒乓球和在操场上跑步的无忧无虑的时光。多么美好的回忆啊!

这里是进步的实验田。高中我的文科是弱项,但幸运的是,学校给我们配备了最好的语文老师和英语老师。她们对我的情况非常清楚,知道我的个性以及优缺点,用爱心帮助我把这块短板给补上。她们一方面引导我建立合理的思维模式,另一方面在学科方面给予我严格的训练。在这两位老师的鼓励和严格要求下,我在文科上下了极大功夫——用语文作文(和部分前卷)的训练提升自己的思考和表达能力;而英语方面则用大量阅读、背单词和一次托福的尝试,从只会写小学生作文的中式英文提升至对标外刊和科研期刊的写作水平,口语也在"背诵"要求下长进了。在这两位老师的关爱下,我的文科成绩大幅度提高了。

到毕业的时候,我对自己充满信心,对未来充满憧憬。因为实验学校爱我、包容我,她既让我保持了个性发展,又让我改正了缺点,学会了如何去尊重他人、遵守规则。我相信,做了十年上实人的我,已经具备了爱和包容的上实气质以及创新求真的上实精神,这些都将指引我未来做人和做事。

学生视角　未来愿景

未来我将在化学专业的分析化学或计算化学等方向继续深造,这些领域前沿且应用广泛,还能将我的数学建模和计算机能力发挥出来。此外我还想出国读博,走向更广袤的世界和更广阔的平台,学到更多的知识和技能,尽自己所能报效祖国和荣耀母校。在此,再次感恩培育我的母校!

第32位 | 2022届　宋御章

学生简介

宋御章同学于2012年进入我校小学部学习，2022年6月从上实毕业，是一位十年一贯制的同学。他在校期间是一个思维活跃、热爱探究的男孩。各学科均衡发展，科普知识丰富，小学时候的他就像一个小博士。目前就读于华东师范大学软件工程学院。

老师视角　老师眼中的你

宋御章给人的第一感觉就是"文人"，在男生里，他的皮肤白净，给人一种清爽的感觉，加上一副框架眼镜，十足一个"博士"范儿，非常讨人喜欢。小宋一开口，你便知道他肚子里的"东西"真不少，上知天文，下知地理。说起自己知道的东西，他总是自信满满，滔滔不绝。但当有老师想跟他交流谈心的时候，他却表现出相当的害羞，没说上几句，就借故溜走了。在课堂中动脑筋时的他，相当专注，所以他的成绩总是名列前茅。具体跟大家分享几个有趣的事例。

课堂上争做"小老师"

记得在一堂数学课上，大家都在为一个知识点各抒己见，小宋也毫不逊色，代表他们小组屡次举手发言，时不时得到同学们的认可。最后到了"小老师"上台做题讲解的环节，小宋更是铆足了劲，几乎站起来举手。于是，我就请他上来试一试。小宋的字写得不算好，速度倒是挺快，不一会儿就把题目写完了。当同学都在笑他的字的时候，他却丝毫不被影响，很认真地开始讲他的解题思路。他的表述就跟他的书写一样，速度很快，理解力强的同学陆续开始点头，但还是有部分同学一脸茫然。小宋说完一遍还不忘问一句："大家听懂了吗?"自然是有的说懂，有的对他提出质疑。小宋倒也不怯场,像个"小博士"一样轻轻推了推眼镜,看着那些提问的同学说:"那我再讲一遍吧!"第二次讲解,他说得更细致,语速也减慢了一些,这次同学们基本都听懂了,我也觉得他讲得很到位。看到大家对他的认可,小宋终于露出自信和甜甜的笑容,这才得意地跳着回到自己的座位。

作业订正"一丝不苟"

小宋对学习的态度一直很严谨,作业的正确率也一直很高,常常被我拿出来做大家的榜样。有一次晚托班在批改订正作业的时候,同学们陆续拿着作业上讲台给我面批。小宋一直坐在座位上眉头紧皱,我猜,他一定遇到了什么困难。不一会儿,他实在忍不住了,走上讲台,很严肃地对我说:"赵老师,我觉得这题我没有算错!"我看着他一脸认真的样子,也有点怀疑会不会是自己批错了。我仔细一检查,微微一笑,原来小宋有一个数抄错了。不过我并没有直接告诉他,而是神秘地说:"没有批错哦,你再回去仔细检查一下。"他不禁摸一摸脑袋,又马上陷入了沉思。我时不时偷偷观察他订正的状态,他并没有左顾右盼去找别人帮忙,也没有垂头丧气地放弃动脑筋,而是一直拿着笔计算着,专注的眼神让我觉得他不会放弃。突然,他大叫一声:"哎呀,是数字看错了!"大家都被他吓了一跳,我抬头看到他兴奋的小脸,也对他微笑着说:"你终于发现啦!"当他拿着订正本上来批阅的时候,有点不好意思,可能觉得自己这么机灵的"小博士"怎么也会犯这样的低级错误。我还是很肯定他,因为他是自己找出问题,并在求解的过程中坚持不懈,这才是探知过程中最难能可贵的精神。

最后阶段"特殊"的冲刺

四年的学习时光一晃而过,临近验收考,大家都一鼓作气,我也精心为学生们准备了几套复习卷。没想到在这个节骨眼上,小宋病了,一连发了几天高烧。几天不见,我既为他的健康担心,又为他的复习进度着急。班级同学刚结束一场模拟测验,当晚我就接到小宋妈妈的电话,说小宋听说同学们今天做了模拟测验,他在家也很想做做看,希望我能让同学捎给他一份卷子,让他在家练习。我挺受感触的,其实凭借小宋的实力,我倒也不是很担心他的数学能力,但他在高烧期间依然主动要求跟同学保持一致进度,的确精神可嘉。于是我第二天就让住在他附近的同学给小宋带回一张练习卷。让我意外的是,当天晚上,我便收到他妈妈的微信,她把小宋已经完成的卷子拍成照片发送给我,让我帮他批改。没想到他拿到卷子就动笔完成了,还尽快给我批改,这样的学习态度实在难得。更值得一提的是,等我批改后发现,他只错了一道填空题,其他都是正确的。"小博士"不愧是小博士,没有让我失望,我也为他的积极进取而感动。

这个"小博士"在我校中学部继续茁壮成长,也愈发成熟稳重,他对待学习的钻研精神和乐于探究新知的品质还是让老师们夸赞,让同学们佩服。相信他会在他热爱的领域飞得更高,成为更闪亮的那颗星。

——赵晶老师

学生视角　你眼中的"实验"

我眼中的实验是一个既充满耐心"护长容短"又不断激励你"攀登"的大家庭。实验学校卧虎藏龙,但是不管你多么普通,老师们总能找到你身上的闪光点。

广播操比赛的举牌人

小学一年级的时候,不管我怎么努力,广播操总是做得不协调。班主任老师观察了几天,在比赛前一天郑重宣布由我担任举牌人,善解人意地帮我解了围。

科技节的发言人

实验的"四节"让我们每个人都有展现自己的舞台。艺术节上我跑过龙套当过群舞,读书节上我的主题词曾入选。记忆最深刻的是 2016 年 3 月 15 日在自然博物馆举行的科技节开幕式,我作为小学生代表发言。实验的老师们用心呵护梦想,鼓励我们既要仰望星空,又要脚踏实地。

科创夏令营

高一暑假学校组织的科创夏令营,教我们循序渐进地学习使用 solidworks 软件

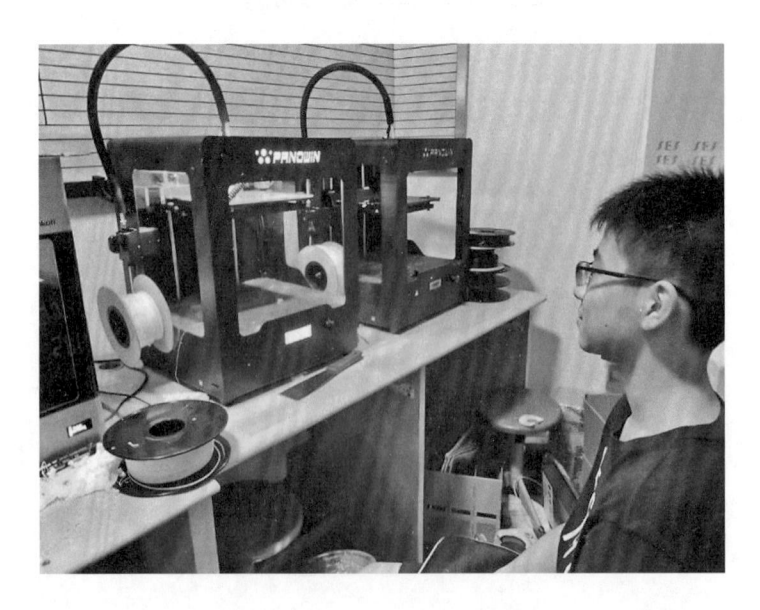

进行机械设计、操作 3D 打印机等知识和技能。这些活动培养了我们的动手能力和创新精神,令我获益匪浅。

学生视角　未来愿景

　　实验十年在我的人生中打下了深刻烙印,张弛有度、独立思考、攀登进取的实验基因是学校给我们的一笔丰厚财富。

　　未来我将在软件开发这个领域进一步深耕,努力成为一名高层次、实用型、复合型、国际化的软件人才。

第33位 | 2023届 钱千晶

学生简介

Kitty(钱千晶)同学于2015年进入我校国际部读一年级,一年升入初中国际部,2023年7月前往日本继续完成学业。Kitty是一个非常可爱的女孩,对待学习认真努力,只是比较缺乏自信。学习之余,Kitty的兴趣爱好十分广泛,绘画、舞蹈、书法、空手道……样样都有不错的表现,多才多艺的Kitty就像班里的小小艺术家。

老师视角 老师眼中的你

上课总是依赖老师的解答,回家做作业也总是依赖妈妈,学习习惯还需要进一步改善。

——数学老师

英语课上回答问题,她不停地举手示意,我抽她起来讲,谁知她指了指同桌,说:"是帮他举手呢!"原来她怕同桌一个人举手还不够,助人为乐呢!

——英语老师

元宵节做灯笼,我们班级做的纸质灯笼难度很大,她非常细致地在那里剪啊贴啊,做了很久,非常有耐心。三年级的哥哥姐姐先完成了,她也不甘示弱,将作品呈现了出来。

——活动课老师

……

以上这些内容摘自我校的《学生兴趣记录》,从中我们可以大致看出,这是一位在学习上缺乏主动性,为人热心,喜欢做手工,骨子里有着不服输的精神的孩子。确实,

Kitty 就是这样的一位女生。虽然 Kitty 的学前识字量小，基础较弱，平时学习经常会依赖老师、家长和同桌，可她却是一个"才艺多面手"，在她的身上闪耀着属于自己的独特光芒。

Kitty 是我班上个头最小的女生，细胳膊细腿，乍看之下，你绝不会把她和参加空手道全国比赛的选手联系起来。一天，我对 Kitty 说："你太瘦了，平时午饭要多吃点，别挑食。"她腼腆地冲我笑笑，得意地撸起袖子，说："你别看我瘦，我还有肌肉呢！"她一边说一边向我展示她手臂上的肌肉，这都是她平时坚持练空手道的成果，不仅如此，她的腹部还有连男孩都少有的腹肌呢！我问她是否喜欢空手道，她说很喜欢。Kitty 的爸爸经常会在微信朋友圈中分享女儿训练的小视频，练习空手道时的 Kitty 是极其投入的，小小的身躯里迸发着大大的能量，她标准的动作也经常得到教练的夸奖。虽然训练很辛苦，但她依然坚持不懈，不久前她已经成功通过考试晋级，获得了蓝带。

Kitty 不仅体能好，她在文艺方面的表现也毫不逊色。Kitty 的性格有些腼腆，课上说话十分小声，似乎有些缺乏自信。但是她热爱唱歌跳舞，也乐于在同学们面前展示自己的才艺，每当这时，她的脸上洋溢的是自信的笑容，眼中闪烁的是喜悦的光芒。学校开展艺术节比赛，她和班上的另两个女生组成了表演小队，自选了一首曲目并根据节奏编排了舞蹈。只要一下课，她们就在走廊上排练，她们的热情感染了周围的同学，大家不由自主地围在一旁欣赏，她们最终的演出也获得了评委老师的一致好评。临近毕业典礼，她又自发和另一位同学排起了古典舞，每天中午不厌其烦地一遍又一遍练习，精益求精的精神令人敬佩。

多才多艺的 Kitty 还擅长书法和画画，她经常利用自己的所长为班级做贡献。一年级入学初，我让她给班级写一幅书法作品用来美化教室。过了一周，她带来了自己写的"好好学习，天天向上"，她指着作品告诉我她在家练习了无数次，带了一幅写得最好的过来。到了学期末，她主动跑来问我可不可以为班级写春联，我回答："当然可以啊！"她开心地笑了。放完寒假，她不仅带来了自己写的春联，还给每个同学写了一个"福"字，十分贴心。之后每年，她都主动为老师、同学送上自己写的"福"字和一份美好的祝愿。

连着两个学期，班里评选优秀学生时，同学们一致同意将"百灵鸟"艺术奖颁给 Kitty。下课后，Kitty 走到我身边说："张老师，我真的是多才多艺！我会的东西很多！"没想到平时连上课发言都会害羞的小女生会夸自己"多才多艺"，希望有一天，她对各科目的学习都能全情投入,充满自信。

五年的时间转瞬即逝,Kitty即将小学毕业。在毕业典礼上,爸爸妈妈纷纷给孩子送上了美好的祝福,Kitty爸爸在祝福视频里说暑假要教她学做30道菜。这不,才放暑假,我就在微信朋友圈看到了Kitty切菜、炒菜的身影,神采奕奕,充满干劲。积极进取,不畏挑战,这不正是我校校训"攀登"精神的最佳体现吗?

人无完人,每一个学生都是独特的存在,有着自己的闪光点。成绩并不是衡量学生好坏的唯一标准,我们应该摒弃一好百好、一差百差的观念,对于学生的闪光点,老师要善于发现并给予适当的赞美,学生自会体会到你对他的肯定与鼓励,从而增强自信,激发潜能,成为更优秀的自己。

——张旭婷老师

学生视角　你眼中的"实验"

时光荏苒,一转眼我已离开了亲爱的母校,在这短短的8个年头里,我幼小的心灵中留下了数不清的美好回忆。性格迥异的老师们丰富了我的个性,使我这个柔弱的"小苗"得以枝繁叶茂,而认真温柔的班主任是我一直想成为的那种人。

深深触动我内心的是一次体育节。

在一节美术课上,我得到了一个有趣的消息——学校第十三届体育节Logo设计征稿开始了。异常兴奋的我回家后便投入创作,可没过多久,最初的兴奋与激动已烟消云散,取而代之的是创作过程的困难和艰辛。灵感枯竭,找不到满意的表达手法,我的心情也从开始的新鲜好奇变成了焦急烦躁。但是我没有放弃,经过了瓶颈期,终于在一天早晨,半梦半醒之间孕育出"美妙"的一稿。我欣喜若狂,向父母绘声绘色地展示我的构思,没想到却遭到当头一棒:他们都对我的创意提出了许多意见,几乎全盘否定了我的灵感。沮丧之下,我把自己关进了房间。随着时间的流逝,愤怒与委屈逐渐平息,我认真地思考了他们的建议,最终将他们和我的想法合二为一。我生怕自己的创意再次被否定,便未与他们商讨,直接投了稿。没想到幸运之神眷顾了我,我的作品被学校采纳了,之后在美术老师的帮助下,我进一步完善了Logo的绘制。

上实,就是这样一个给予像我这样的普通孩子许许多多展现个性与激情的舞台。

学生视角　未来愿景

　　人生轨迹是多变的,雏鹰总有翱翔的一天。虽然我已经离开上实,也并不清楚自己将来的发展方向,但我希望能遇见像上实这样多元、开放、包容的,可以激发我潜能的学校,能够遇见许多在不同领域才华横溢的老师,激发我未知的潜能。

第34位 | 高中在读 林颖畅

学生简介

林颖畅同学于2015年进入我校国际部读一年级,一年升入初中国际部,目前高中在读。小林是个很有个性的女孩,活泼开朗,口齿伶俐,脸上常常挂着灿烂的笑容。她上课时思维活跃,口头表达能力强,幽默风趣的语言经常逗得大家前仰后合,声情并茂的朗读也时常让人身临其境。课间,小林很爱阅读课外书籍,只要一有时间,就会捧着书本沉浸其中,是个名副其实的"小书虫"。

老师视角 老师眼中的你

外刚内柔的酷女孩

小林是一个瘦瘦高高、白白净净的女孩,讲话时喜欢模仿幼儿园小朋友的语音语调,听起来"嗲声嗲气"的,这样一个"嗲妹妹"很难让人把她与全班最有个性的女孩联系起来。爱笑的她在拍照时却从不给笑脸,越是让她笑一笑,她脸上的表情越僵硬,除非某件事能让她发自内心地感到开心,因为拍她,我的抓拍功力倒是精进了不少。

每周五是我校的个性服装日,一到这天,孩子们都会穿上自己最喜欢的服装,尽显活力与风采。一个初冬的早晨,学生们在操场上做早操,放眼望去,大家几乎都穿上了厚外套来保暖,只有小林一人穿着单薄的T恤,还把袖子撸了上去,我担心她会着凉,走上前关心道:"你今天没穿外套来吗?""外套放在教室里了。""你不冷吗?把袖子放下来吧。"她一脸疑惑地望着我,摇摇头说:"不冷啊!"好吧,也许有一种冷叫"老师觉得你冷"……酷热的夏天到了,女孩子们迫不及待地换上短袖上衣和漂亮的短裙,只有小林照旧穿着酷酷的厚夹克和牛仔裤,这次我又上前问她热不热,她的回答是我意料之中的"不热"。难道她自带冬暖夏凉的体质?这个疑虑在我们之后的一次交流中得到了解答。

那天早上,小林梳着"哪吒头"(头顶左右各一个冲天鬏)来到学校,老师们看到她有趣的发型都向我投来了会心一笑。最近流行花苞头、丸子头、半丸子头,可没见有人梳"哪吒头"的,我问她是不是妈妈给她梳的,她说是自己梳的。我又问她是觉得这个发型好看吗?她说:"好看!"我接着问:"那为什么不梳个马尾辫呢?"她回答道:"我不想和其他人一样!"我恍然大悟,原来她是希望自己能够与众不同。

小林十分喜欢旱地冰球这项运动,自从我校第一次成立旱地冰球队开始,她就是其中的一员了。每周训练时间一到,她就快速整理完书包,第一个跑来问我:"我可以去打球了吗?"经过我的同意后,她便背上书包,提着球杆,大步流星地向体操馆走去,我能从她的神情中感受到打球带给她的快乐。这支球队自成立以来,已经屡次在市级、国家级的比赛中名列前茅,这与队员们勤奋刻苦的练习是分不开的。暑假,旱地冰球队的成员们又去往瑞典和其他强队开展交流训练,从她父母发的微信朋友圈中,我看到了她打比赛时飒爽的英姿,没想到细胳膊细腿的她是一个擅运动、能吃苦的女孩。

别看小林外表酷酷的,她却有着一颗柔软细腻的心。无论是语文课上,还是其他课上,只要讲到动人的故事,她都是班里第一个,有时是唯一一个因感动而流泪的女孩。有一次,学习《难忘的泼水节》一课,课文讲的是周恩来总理和傣族人民一起过泼水节。课上,我补充了相关的背景知识,之后在朗读课文时,只见小林声情并茂,眼眶里泛起了泪光,我想她或许是被文中老百姓与周总理心连心的深情所感动了。不仅如此,她还有着很强的理解能力和口头表达能力,几乎每节语文课上,她都是发言最积极的那一个,即使我提出较难的问题,她也从不畏惧,照样自信地表达自己的看法,有时答错了,只要稍加启发,她就能抓住要点。朗读课文时,她也总是抑扬顿挫、绘声绘色,给人带来美的享受。一次,一位实习老师在我们班试教,小林踊跃的发言和出色的朗读给上课和听课的老师们留下了深刻的印象,老师们课后还特地向我夸奖了她。可令人意想不到的是,这样一个能说会道的女孩,写起作文来却让人头疼不已,不是语句不流畅,就是内容缺乏条理,抑或描写过于平淡。如何才能提高她的书面表达能力,这也是需要我好好思考的一个问题。

小林就是这样一个外刚内柔、能言却不擅写的独特女孩。作为老师,需要做的就是宽容她身上的短板,珍惜并开发她的天赋潜能,让她的个性特长得到最好的发展。

——张旭婷老师

学生视角　你眼中的"实验"

我是一个特别开朗又有责任感的人,经常在同学需要帮助之时挺身而出,在上实读初中时当上了体育、生物、语文课代表以及生活委员,我会继续做老师的好帮手、同学的好伙伴。

我热爱学习,并且在多门科目的学习中取得了优异的成绩。我眼中的实验是一个积极向上、充满学习氛围的温暖的大家庭,我们在这儿耕耘,也在这儿收获。我在这里得到了非常宝贵的回忆,绝不会忘记。

我记得小学时参加了运动会的 400 米比赛,起初我非常自信,跑得非常快,用跑 50 米那样的速度向前跑着,但是没过多久我就开始累了,速度也慢了许多,喘不上来气的感觉让我非常难受。没过一会儿,后头的人就都追上来了,我的意志有些动摇,很快掉到了最后一名。这时,班级同学的呐喊声让我回过神来,他们拼命地为我加油打气。我心想:在这里灰心丧气也不是办法,还不如努力地跑完全程,只要我不认输就还有机会。虽然胸腔里的氧气枯竭,肌肉拉扯得酸痛,膝盖突然在某个点也一颤一颤地痛,但是最后我还是成功超越了两个人,拿下了第四名。虽然那次没能站到领奖台上,但我仍然感到兴奋,因为我战胜了自己。虽然我没有赢下这次比赛,但我未来还会有更多的"跑道",会遇见更多对手,我坚信就算有千难万阻,只要我不放弃,就总能闯出一片天地。

学生视角　未来愿景

在未来,我打算投身生物医药专业。人们常说医院是没有硝烟的战场,医生、护士是这个战场里的战士,药品、手术刀是他们的武器,而参与制药工程的人似乎较少被提到,但这并不意味着他们不重要。很多时候,一粒药品就能让患者减轻痛苦,一个周期的服药就能让病症得到治愈。目前,许多疑难杂症还没有能研究出一个合适的医疗方案,为了让这个世界上的人能少受一些疾病的苦,为了让更多的患者能得到更好的治疗,我希望自己将来能够在制药领域工作,贡献自己的一分力量。

第35位 初中在读 刘 尧

学生简介

刘尧同学于2017年进入上海市实验学校小学部,目前在中学部读中三年级,即将升入高中部学习。小刘在校期间成绩优异,从小学到初中多次获得免考奖励,并荣获学校三十余份学科奖状及荣誉奖状。在课外还有一些兴趣爱好,比如编程,参加了学校的Scratch社团兴趣课,学习掌握了Python语言;同时还自学了C++语言,通过一年的努力,在2023年CSP第二轮入门级和提高级比赛都取得了较为理想的成绩。

老师视角 老师眼中的你

看到"小精灵"这个词,你一定会想象到一个个子小小、古灵精怪的可爱模样,的确,刘尧就是这样一个男孩。第一次见到他是一年级入学前的家访,圆圆的脑袋,瘦小的身体,坐在沙发上很安静,脸上几乎看不出什么表情,但鼻梁上架着一副圆形黑框眼镜的他,看起来着实有几分喜感。他话不多,但从他父母的介绍中,我了解到他的本领还真不少,一封给一年级新生的信满满上千字,他能一口气读下来毫无压力,真不可小看。入学后,我才开始真正发现他的"能量"。

学科知识一级棒

一年级的起步阶段,大多孩子都需要适应,毕竟在实验学校,语数英的起步就需要在读、写上全面开花。读,对于大部分孩子来说还不算困难,小刘自然学得轻松,无论是语文还是英语,认知量都相当大,回答问题非常流利,常常让大家刮目相看。大家不是惊讶于他的表达能力,而是与平时少言寡语的他相比,真是判若两人。而写,往往是孩子们的软肋,每次写的部分,总是大家最"害怕"的,不仅费时间,更多的是费功夫。但好几次看到小刘书写的过程,他都是下笔如有神,字写得端正,速度还不慢,这样书写的效率就很高了。常常是同学们只写了一大半,小刘已经可以交给老师批阅了。有一次,我忍不住问小刘:"你写得真快,辛苦吗?"小刘淡定得看看我,说:"不辛苦,挺容易的。"我真心觉得这孩子棒棒的,能各学科全面发展,并在平时不露声色,低调学习,真值得大家学习。

课间小小读书郎

小刘是个很爱阅读的孩子,课间也常常能看到他在读书角选书、阅读的身影。这个还不算特别,难得的是当身边的同学们都在狂欢的时候,他还能静下心来阅读。记得有一次,我曾经教过的一群已经升到中学部的孩子们回到小学部来看望我。午休时间,班级里顿时成了一片欢乐的海洋,讲台前,毕业了的哥哥姐姐们在与我合影,有的哥哥姐姐还走到一年级的娃娃们中间与他们交流。但这时,有一个孩子却静静地坐在座位上看书,这画面静与动对比得太强烈。我忍不住上前问他,说:"小刘,你怎么不跟大家一起聊聊呀?"他腼腆一笑,似乎有点害羞,轻轻说了句:"我想看书。"之后,大家把当时珍贵的照片发在班级群里,讲台上是师生间热闹的互动,讲台下是实验兄弟姐妹们欢乐的对话,而在一张课桌前,是一个小小读书郎沉浸在书的海洋里。看到这张照片的人都会被这个静坐阅读的小个子所吸引,问上几句,因为这娃真特别。

课堂智慧大爆发

小刘在平时的校园生活中话不多,但在课堂中有知识互动时,他却展现出智慧的一面。记得在一节数学习题课上,大部分同学都用了常规的方法,而我在教授的时候,也先跟大家分析了大部分同学能想到的方法。话音刚落,小刘举手了,他自信地站起来说自己有其他的方法,我请他说,他镇定自若地把自己的想法清晰地表述了一遍。他说得很流利,就像个小老师一样,所以,有一部分同学一下子就听懂了,还有一些同学没理解,我又给大家解释了一遍,大部分学生都点点头。我表扬了小刘,为他的智慧和自信,也为他在班级里给大家带了个好头!

小刘是个有个性的孩子,他对知识的渴求是强烈的,他在学业上的表现是突出的,但是他又是一个含蓄又腼腆的孩子,不露声色,低调存在。我想,如果能在性格上再开朗一些、活跃一些、阳光一些,这个孩子一定会更加出色!相信在实验的天空里,他一定会茁壮成长,期待机智"小精灵"的明天更美好!

——赵晶老师

学生视角　你眼中的"实验"

我眼中的实验学校是一座拥有多姿多彩校园生活的快乐"城堡"。每个学期,我都期盼着学校各项社会考察活动、科技教育活动以及四大校园节活动,无论是参与其中,还是作为一名普通学生观众,每一次亲历都令我十分难忘,这是我成长历程中最宝贵的财富。

实验学校给我最大的影响,来自中二年级时的英语 TFT 汇报演出。其中,我参与了班级里的两场演出《满江红》和《悲惨世界》,分别饰演了张大和指挥官,两场英语戏剧的排练和演出令我受益匪浅。在排练过程中,小组成员克服了众多困难,独立编写了英文剧本,协商采购了表演服装,抽出课余时间进行排练,相互协助背下数页的台词。上台演出时,我也克服了心中紧张的情绪,自信、顺利地完成了表演。最终,在全体同学的共同努力之下,我们的戏剧演出取得圆满成功,并荣获了最佳团队奖、最佳节目奖、最佳服装奖三个奖项,这让我十分自豪。在整个过程中,我的英语水平得到了极大提高,与同学之间增进了友谊与默契,我也变得更加自信。实验学校犹如一个温馨的大家庭,学校组织的各项活动,增强了我的集体荣誉感与归属感,塑造了我自信、阳光、开朗的性格。在实验学校快乐的教育环境中,我更加能发挥主观能动性,自我激励:新的一天开始了,元气满满地冲呀!

学生视角　未来愿景

我的数理基础较好,对物理很感兴趣。在未来,我希望能在物理研究或应用上发光发热,利用我获得的成果为国家、为社会做贡献,尽到我们实验人应有的社会责任。

图书在版编目(CIP)数据

闪闪发光的实验人：35位学生跟踪实录 / 徐红主编
. — 上海：上海社会科学院出版社，2024
ISBN 978-7-5520-4384-6

Ⅰ.①闪… Ⅱ.①徐… Ⅲ.①上海市实验学校—校友—事迹 Ⅳ.①G639.285.1

中国国家版本馆CIP数据核字(2024)第091763号

闪闪发光的实验人——35位学生跟踪实录

主　　编：徐　红
责任编辑：路　晓
封面设计：萧　萧
出版发行：上海社会科学院出版社
　　　　　上海顺昌路622号　邮编200025
　　　　　电话总机 021-63315947　销售热线 021-53063735
　　　　　https://cbs.sass.org.cn　E-mail:sassp@sassp.cn
排　　版：南京展望文化发展有限公司
印　　刷：上海颛辉印刷厂有限公司
开　　本：787毫米×1092毫米　1/16
印　　张：11.75
字　　数：206千
版　　次：2024年5月第1版　2024年5月第1次印刷

ISBN 978-7-5520-4384-6/G·1320　　　　定价：58.00元

版权所有　翻印必究